Der Persönlichkeits-Kompass

Diane Turner/Thelma Greco

DER PERSÖNLICHKEITS-KOMPASS

EIN NEUER WEG, MENSCHEN ZU VERSTEHEN

Aus dem Englischen von
Elisabeth Parada

SCHERZ

Die Originalausgabe erschien unter dem Titel
«The Personality Compass» bei Element Books, Boston.

Zweite Auflage 2000

INHALT

EINLEITUNG

Jedem Reisenden werden beim Besuch von Ländern wie Norwegen, Japan, Jamaika oder den Vereinigten Staaten deutliche kulturelle Unterschiede auffallen. Die Landschaft und das Klima sind anders, die Menschen sehen anders aus, klingen anders und bewegen und verhalten sich anders. Selbst in Telefongesprächen mit Menschen aus anderen Teilen der Welt – vom schnelllebigen Norden bis zum gelassenen Süden, vom formellen Osten bis zum zwanglosen Westen – spüren wir Unterschiede. Diese allgemeine Erkenntnis von Mentalitäts- und Kulturunterschieden hat uns dazu veranlasst, den Persönlichkeits-Kompass zu entwickeln, um damit Menschen aufgrund ihres Persönlichkeitstyps zu verstehen. Dabei werden sowohl sehr alte als auch ganz neue Erkenntnisse aus dem Bereich der Persönlichkeitsforschung eingesetzt, um unser Leben positiv zu beeinflussen.

Dieses Buch verfolgt drei Ziele: 1. Es will Ihnen helfen, sich selbst besser kennen zu lernen und zu schätzen. 2. Es will Ihnen helfen, sich mit den unterschiedlichsten Menschen besser zu verstehen und erfolgreiche Beziehungen zu führen. Und 3. Es will Ihnen helfen, den Beruf und Arbeitsplatz zu wählen, der Ihnen persönliche Zufriedenheit und beruflichen Erfolg ermöglicht. Der Persönlichkeits-Kompass bietet Ihnen eine schnelle und einfache Möglichkeit, Ihr wahres Wesen und das anderer Menschen zu erkennen und die Bedürfnisse, Vorlieben und Abneigungen, die Talente, Fähigkeiten und Verhaltensmuster der vier Grundtypen der Menschen besser zu verstehen. Das Wesen und die Persönlichkeit eines anderen Menschen zu begreifen ist darüber hinaus der Schlüssel zu einer effektiveren Motivierung dieser Person und einer besseren Kommunikation mit ihr.

Der Persönlichkeits-Kompass macht sich die Parallele zwischen der Nord-, Ost-, Süd- und Westrichtung auf einem Kompass, den kulturellen Eigenschaften dieser vier Regionen und den vier Grundwesensarten des Menschen zunutze. So werden Menschen mit der Zielstrebigkeit, Unabhängigkeit und der Schnelligkeit von Vertretern nördlicher Kulturen – wie etwa den Skandinaviern – als NORDEN bezeichnet. Denken Sie an die entschlossenen Wikinger und ihre beeindruckenden Eroberungen.

Menschen mit der typischen Strukturiertheit, konservativen Einstellung und Zurückhaltung von Vertretern östlicher Kulturen – wie zum Beispiel den Asiaten mit ihrem formellen, ritualgeprägten Erbe – gelten als OSTEN. Denken Sie an die höflichen Japaner und ihre Achtung der Etikette.

Der SÜDEN zeichnet sich durch Freundlichkeit, Gastlichkeit und das gemäßigte Tempo der Vertreter südlicher Kulturen aus, wie etwa die offenen und oft unbekümmerteren Bewohner tropischer Inseln. Denken Sie an die fröhlichen Jamaikaner und ihre Hilfsbereitschaft.

Der WESTEN besitzt die Abenteuerlust, Phantasie und Erfindungsgabe von Vertretern westlicher Kulturen, wie etwa die Nordamerikaner mit ihrer Pioniertradition und Risikofreude.

Kapitel 1 befasst sich mit historischen Theorien und neueren wissenschaftlichen Thesen, die die Einteilung der Menschen in vier Grundtypen unterstützen.

Kapitel 2 erläutert die kulturelle Analogie näher und bietet eine Aufstellung der typischen Merkmale der vier Grundtypen auf einen Blick. Hier finden Sie auch Übungen und einen Schnelltest zur Typenbestimmung.

In Kapitel 3 bis 6 werden dann die vier Grundtypen des Persönlichkeits-Kompasses im Einzelnen vorgestellt. Hier erhalten Sie einerseits nützliche Informationen über die Eigenschaften und Talente jedes einzelnen Typs und andererseits klare Hinweise, wie man mit jeder der vier Wesensarten am besten umgeht.

Kapitel 7 zeigt auf, welches die typischen Schwierigkeiten zwischen den verschiedenen Grundtypen sind und wie man sie vermeidet. Außerdem befasst es sich mit der Frage, wie sich die unterschiedlichen Persönlichkeitsrichtungen entwickeln können, um privat und beruflich erfolgreicher zu sein.

Wie jede der vier Himmelsrichtungen die gleiche Wichtigkeit hat, so sind auch die vier Persönlichkeitstypen gleich wichtig und unerlässliche Bestandteile einer Gesamtheit.

Der Persönlichkeits-Kompass erleichtert sowohl das gegenseitige Verständnis als auch den Umgang miteinander.

ÜBERSICHT ÜBER
DIE VIER WESENSARTEN DES MENSCHEN

KLASSISCHE THEORIEN ALS GRUNDLAGE

Der Persönlichkeits-Kompass geht davon aus, dass es vier Arten menschlicher Eigenschaften gibt, die die vier Grundtypen des Menschen in ihrer natürlichen Verschiedenheit, aber Gleichwertigkeit kennzeichnen. Dieser Gedanke ist nicht neu. Neu ist jedoch, ihn als Kulturanalogie umzusetzen und ihn dadurch einprägsamer und leichter nutzbar zu machen. Immer wieder hat es in der Geschichte den Versuch gegeben, das Wesen und die Persönlichkeit des Menschen in vier Grundgruppen einzuteilen. Bereits im 5. Jahrhundert v. Chr. stellte Hippokrates, «der Vater der Medizin», eine Verbindung her zwischen den vier Elementen Erde, Wasser, Luft, Feuer und den vier Körperflüssigkeiten. Er wies ihnen ähnliche Eigenschaften zu, wie sie heutige serologische und endokrinologische Entdeckungen nachweisen konnten.

Hippokrates

Vier Temperamente

- **cholerisch** – impulsiv, reizbar
- **melancholisch** – schwermütig, nachdenklich
- **phlegmatisch** – ruhig, besonnen
- **sanguinisch** – energievoll, optimistisch

Aristoteles

Sich ergänzende Gegensätze als Kräfte in der Natur

- **Feuer** – warm
- **Erde** – trocken

- **Wasser** – feucht
- **Luft** – kalt

Die Griechen schrieben jedem Ding und Wesen in der Natur die diesen vier Grundelementen innewohnenden Eigenschaften zu. Nach Aristoteles, 4. Jahrhundert v. Chr., ist jedes Ding und Wesen im Kosmos in die Naturelemente, aus denen es aufgebaut ist – Feuer, Erde, Wasser, Luft –, zerlegbar. Aristoteles hat seine Erkenntnisse auf das Wesen und die Persönlichkeit des Menschen übertragen.

Die vier psychologischen Grundfunktionen des menschlichen Bewusstseins:

Die zwei Einstellungstypen des menschlichen Bewusstseins: extrovertiert, introvertiert.

Zu Beginn des 20. Jahrhunderts entwickelte Carl Gustav Jung eine Typologie, in der er die vier Grundfunktionen oder Orientierungsfunktionen des Bewusstseins unterscheidet. Damit meinte er die elementarsten Instrumente des Bewusstseins, die sich nicht mehr weiter analysieren lassen. Der zweite Ansatz war die Beobachtung, dass sich die entsprechende Grundfunktion in ein weiteres Bezugssystem einordnet: auf das Ich, also auf das Innen bezogen (= introvertierter Einstellungstyp) oder auf die Welt, auf das Außen bezogen (= extravertierter Einstellungstyp). Während der Einstellungstypus deutlich genetisch gegeben zu sein scheint, ist die Wahl der Grundfunktion weniger davon abhängig, sondern mehr durch Umwelteinflüsse bedingt. Familiäre Tradition und Zeitgeist spielen hier eine gewichtige Rolle.

Myers/Briggs

Die vier Basisgruppen von Persönlichkeitstypen

Code
- **D** = Denken
- **N** = Intuition
- **F** = Fühlen
- **E** = Empfinden

- **X** = Extrovertiert
- **U** = Urteilend
- **I** = Introvertiert
- **W** = Wahrnehmend

Typen
1 IEDU, IEFU, IEDW, IEFW
2 INFU, INDU, INFW, INDW
3 XEDU, XEFU, XEDW, XEFW
4 XNFU, XNDU, XNFW, XNDW

Der Myers-Briggs-Typenindikator (MBTI) erweitert Jungs Typologie und wird heute häufig zur Bestimmung individueller Persönlichkeitstypen verwendet.

Desoxyribonukleinsäure

Vier Nukleotide, die die Doppelhelix der DNS bilden:

1. Adenin

2. Guanin

3. Cytosin

4. Thymin

In den frühen 50er Jahren entdeckten J. D. Watson und F. H. C. Crick, dass die Desoxyribonukleinsäure (DNS) genetische Informationen enthält. Diese Entdeckung überraschte, da man bisher angenommen hatte, dass ausschließlich Proteine einen ausreichend komplexen Aufbau besitzen, um Erbinformationen zu beinhalten. Anfangs bereitete es Genetikern große Schwierigkeiten, die DNS aufgrund ihrer einfachen Chemie als genhaltige Substanz zu akzeptieren – immerhin besteht sie lediglich aus vier Nukleotiden, die zu einer langen Kette sich wiederholender Einheiten verbunden sind und eine Doppelhelix bilden. Die vier Grundbausteine der DNS liefern eine Erklärung für das gesamte Erbgut.

Blutgruppen

Blutgruppe 0
- zielstrebig
- starke Anführer
- realistisch

Blutgruppe A
- detailorientiert
- fleißig
- achtsam

Blutgruppe B
- flexibel
- unkonventionell
- kreativ

Blutgruppe AB
- diplomatisch
- harmonisch
- allgemein beliebt

Toshitaka Nomi und Alexander Besher entdeckten eine Beziehung zwischen den vier Blutgruppen und den Persönlichkeitsmerkmalen. Die Zuordnung von Charaktereigenschaften zu den vier Blutgruppen ist vergleichbar mit der Bestimmung der vier Persönlichkeitstypen, wobei es wichtig ist zu berücksichtigen, dass die Milliarden möglichen DNS-Kombinationen größte Individualität innerhalb jeder der vier Basistypen zulassen.

A-Typ/B-Typ und die Entdeckungen zur linken und rechten Gehirnhälfte

Dr. Meyer Friedman unterteilte die Menschen in den A-Typ und den B-Typ, nachdem er zwischen diesen beiden Typen biochemische Unterschiede entdeckt hatte. In Stress- und Notsituationen stellte er Unterschiede in der Körperchemie beim A-Typ (hohen Stresspegel) und beim B-Typ (geringen Stresspegel) fest. Der leicht erregbare A-Typ produzierte höhere Mengen an Epinephrin und Kortison, und die Versorgung der Muskeln mit Blut war bei diesem Typ viermal so stark wie beim B-Typ.

Dr. Roger Sperry, der 1981 für seine Studien zur Zweiteilung des Gehirns den Nobelpreis für Medizin erhielt, entdeckte grundlegende Unterschiede in der Arbeitsweise der rechten Gehirnhälfte (nonverbal, kreativ) und der der linken Gehirnhälfte (verbal, analytisch). Er fand heraus, dass sich die menschlichen Gehirne bereits zum Zeitpunkt der Geburt unterscheiden und Neuralschaltungen besitzen, die sich in andersartigen Denkprozessen und Entwicklungsmöglichkeiten der einzelnen Individuen ausdrücken. Seine Untersuchungen zeigen, dass das Gehirn eines Menschen sein Wesen und seine Entwicklungsmöglichkeiten (z. B zum Dichter, Musiker, Künstler, Mechaniker oder Wissenschaftler) bestimmt.

A-Typ/B-Typ und die Eigenschaften der linken und rechten Gehirnhälfte

Wissenschaftliche Studien u. a. von Friedman und Sperry liefern überzeugende Hinweise darauf, dass die Biochemie unseres Körpers einen starken Einfluss auf unser Wesen, unser Verhalten und unsere natürlichen Stärken und Schwächen hat.

A-Typ-Temperament
- energisch
- wettbewerbsorientiert
- ehrgeizig
- schnell
- ungeduldig
- vorwärts strebend
- mitfühlend

Rechte Gehirnhälfte
- Rhythmus
- Musik
- bildliches Vorstellungsvermögen
- Phantasie
- Tagträumereien
- Farbe
- Raumgefühl

Linke Gehirnhälfte
- Sprache
- Logik
- Zahlengefühl
- Reihenfolge
- Linearität
- Analyse
- Berechnung

B-Typ-Temperament
- ruhig
- unbekümmert
- geduldig
- freundlich
- gemäßigt
- still
- passiv

Abravanel/King

Körpertypen

Hypophyse-Typ
(gleichmäßig verteiltes Gewicht)
- eigensinnig
- selbstsicher
- stark

Nebennieren-Typ
(Gewicht um die Taille verteilt)
- beharrlich
- geschickt
- konzentrationsfähig

Schilddrüsen-Typ
(Gewicht am Oberkörper verteilt)
- energisch
- geistreich
- vielschichtig

Gonaden-Typ
(Gewicht um die untere Körperhälfte verteilt)
- fürsorglich
- hilfsbereit
- anziehend

Elliot D. Abravanel und Elizabeth A. King gehen von einer Verbindung zwischen Körpertypen und persönlichen Eigenschaften aus. Dabei bestimmen sie den einzelnen Typ nach Aussehen und Appetit. In der Folge erarbeiteten sie für jeden Typ ein individuelles Gesundheits- und Sportprogramm, um das Körpergewicht zu halten. Ihre Arbeit liefert Hinweise auf eine starke Beziehung zwischen der Physiologie eines Menschen und seinem Persönlichkeitstyp.

Gesichtstypen

Der quadratische Typ

- aggressiv
- zielorientiert
- in seine Arbeit vertieft
- wettbewerbsorientiert

Der rechteckige Typ

- spontan
- enthusiastisch
- weitblickend
- ruhig

Der dreieckige Typ

- intellektuell
- urteilend
- äußerst empfindsam
- einzelgängerisch

Der runde Typ

- unbekümmert
- liebt die Bequemlichkeit
- fröhlich
- diplomatisch

Die Physiognomik ist eine Kunst, die die Persönlichkeit eines Individuums anhand seiner Gesichtsform bestimmt. Den Studien von T. T. Mar und anderen zufolge ist das Gesicht jener Teil des Körpers, der die meisten Informationen enthält und dem wir bei unserer Kommunikation die größte Aufmerksamkeit schenken. Hier berücksichtigen wir nur die vier Grundformen des Gesichts und das, was sie über die Persönlichkeit eines Menschen aussagen.

Handschrifttypen

Eckiger Schreibstil

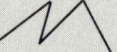

- aggressiv
- bestimmt
- zwanghaft
- energisch

Bogenförmiger Schreibstil

- fürsorglich
- individualistisch
- zurückhaltend
- förmlich

Fadenförmiger Schreibstil

- kreativ
- spontan
- flexibel
- ambivalent

Girlandenförmiger Schreibstil

- natürlich
- gefühlsbetont
- friedliebend
- umgänglich

Die Handschrift spiegelt die Denkweise und Empfindungsfähigkeit eines Menschen. Sobald wir wissen, wie ein Mensch seine Gedanken niederschreibt, kennen wir auch die Art und Weise, wie er denkt und fühlt. Viele Graphologen wie etwa Alfred Mendel erkennen die vier Handschrifttypen an, die den Denkprozess und die Persönlichkeitseigenschaften jedes einzelnen Typs offenbaren.

Pawlow/Lykken

Hundetypen

- **leicht erregbar** – kampflustig, leidenschaftlich
- **gehemmt** – melancholisch, ohne jede Erwartung
- **zuverlässig** – ruhig, selbstzufrieden
- **energisch** – leistungsfähig, leicht gelangweilt

Tierstudien, insbesondere die an Hunden, haben zu ähnlichen Zuordnungen von Eigenschaften geführt, wie wir sie auch beim Menschen kennen. Die berühmteste Untersuchung über Hunde stammt vermutlich von I. P. Pawlow zu Beginn des 20. Jahrhunderts. Jüngere Forschungen des Psychologen David Lykken stellten ebenfalls ähnliche Temperamente bei Hunden fest wie beim Menschen.

FRAGEN UND ANTWORTEN
ZU DEN VIER PERSÖNLICHKEITSTYPEN

Wie können sich Milliarden von Menschen in nur vier Grundwesensarten oder Persönlichkeitstypen einteilen lassen?

Auf dieselbe Weise, wie Milliarden Menschen nur drei oder vier Rassen angehören: Negride, Mongolide und Europide (Indianer werden mitunter als eigene Rasse betrachtet, mitunter aber auch den Mongoliden zugerechnet).

Wie lässt sich die Einzigartigkeit jedes Individuums erklären, wenn die gesamte Menschheit in nur vier Grundtypen eingeteilt wird?

Selbst mit einer beschränkten Anzahl von Parametern ergeben sich zahllose Möglichkeiten für Individualität. Neben der begrenzten Zahl von Rassen auf Erden gibt es auch eine begrenzte Zahl von Hauttönen und -pigmentierungen (schwarz, rot, gelb oder weiß), Augenfarben (schwarz, braun, blau oder grün) und Haarschattierungen (schwarz, braun, rot und blond). In der Natur findet sich kein Hellgrün oder Pink als Haarfarbe. Trotzdem besitzt aufgrund der uneingeschränkten Kombinationsmöglichkeiten der vier DNS-Grundbausteine jedes menschliche Wesen ein einzigartiges Äußeres. Dieselbe Individualität besteht auch innerhalb der Wesenstypen, und zwar aufgrund der großen Anzahl von DNS-Kombinationen innerhalb jeder dominanten und subdominanten Wesensart sowie aufgrund der zahlreichen Kombinationsmöglichkeiten von Eigenschaften der vier Grundtypen.

Inwieweit stimmen die in Kapitel 1 dargestellten Typologien mit der Typologie des Persönlichkeits-Kompasses überein?

Die vier Persönlichkeitstypen werden mit einem Dutzend Namen bezeichnet. In der nachfolgenden Tabelle finden Sie die bekanntesten.

Historischer Überblick über Eigenschaftstypen

Name	Theorie	Typen			
Hippokrates	Temperamente	cholerisch	melancholisch	phlegmatisch	sanguinisch
Aristoteles	Gegensätze	Feuer (warm)	Erde (trocken)	Wasser (feucht)	Luft (kalt)
Jung	Grundfunktionen Einstellungstypen	Denken extrovertiert	Intuition	Fühlen introvertiert	Empfinden
Myers/Briggs	Kodex für Jung-Typen	IEDU, IEFU, IEDW, IEFW	INFU, INDU, INFW, INDW	XEDU, XEFU, XEDW, XEFW	XNFU, XNDU, XNFW, XNDW
Watson/Crick	DNS-Nukleotide	Adenin	Guanin	Cytosin	Thymin
Nomi/Besher	Blutgruppen	Blutgruppe 0	Blutgruppe A	Blutgruppe AB	Blutgruppe B
Friedman/ Sperry	Chemische Typen Gehirnhälftentyp	A-Typ	Linke Gehirnhälfte	B-Typ	Rechte Gehirnhälfte
Abravanel/King	Körpertypen	Hypophyse-Typ	Schilddrüsen-Typ	Nebennieren-Typ	Gonaden-Typ
Mar	Gesichtstypen	quadratisch	dreieckig	rund	rechteckig
Mendel	Handschrifttypen	eckig	bogenförmig	girlandenartig	fadenförmig
Pawlow/Lykken	Hundetypen	leicht erregbar	gehemmt	zuverlässig	energisch
Turner/Greco	Kulturtypen	NORD	OST	SÜD	WEST

EINFÜHRUNG IN
DEN PERSÖNLICHKEITS-KOMPASS

KULTURANALOGIE AUF EINEN BLICK

Jahrhundertelang bezeichnete man den nördlichen, östlichen, südlichen und westlichen Teil unseres Planeten als «die vier Ecken der Erde». Interessanterweise entwickelten die großen Kulturen, die in den verschiedenen Gegenden der Erde entstanden, Eigenschaften, die sie auf der ganzen Welt unverwechselbar machten. Wir assoziieren mit Menschen aus dem Norden, aus dem Osten, aus dem Süden und aus dem Westen bestimmte Vorstellungen.

Eine Umfrage unter Menschen verschiedenster Kulturen, Religionen und sozialer Herkunft, bei der Menschen aus den nördlichen, östlichen, südlichen und westlichen Teilen der Welt charakterisiert werden sollten, ergab verblüffende Übereinstimmungen. In vielen Fällen wurden sogar dieselben Eigenschaftsworte verwendet.

Der Persönlichkeits-Kompass macht sich also bereits vertraute Tatsachen zunutze, wenn er den NORDEN als energischen, entscheidungsfreudigen und auf seine Aufgabe konzentrierten Menschen beschreibt. Als OSTEN werden Menschen bezeichnet, die Einzelheiten große Aufmerksamkeit widmen und die an die Wichtigkeit von Regeln glauben. Den SÜDEN kennzeichnen Menschen, die die Gesellschaft anderer genießen, gerne Gespräche führen und hilfsbereit sind. Der WESTEN wird von offenen, kreativen und abenteuerlustigen Menschen verkörpert.

DER PERSÖNLICHKEITS-KOMPASS AUF EINEN BLICK

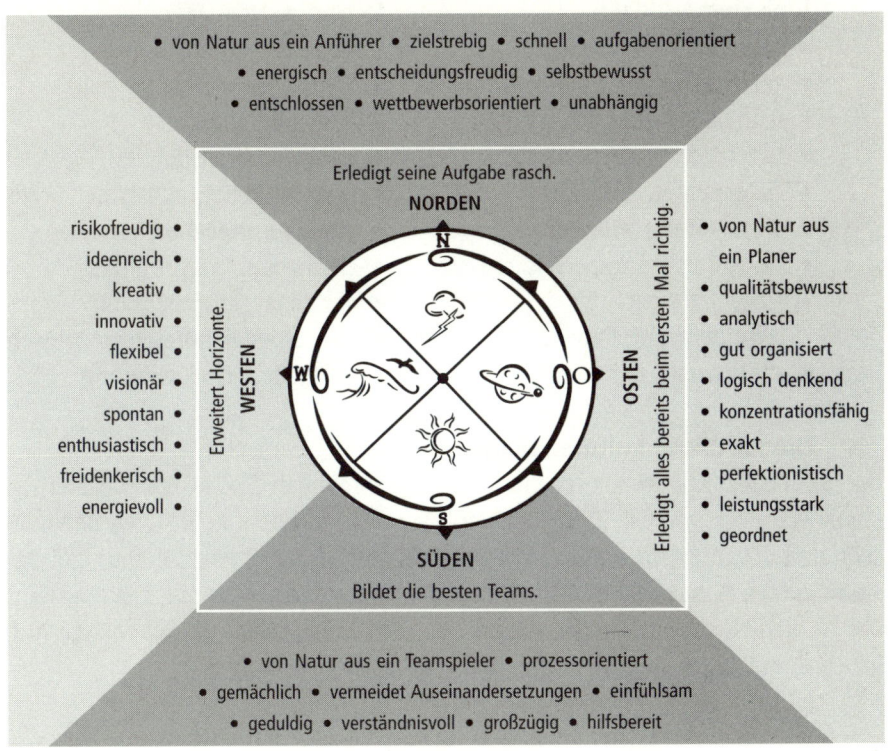

• von Natur aus ein Anführer • zielstrebig • schnell • aufgabenorientiert
• energisch • entscheidungsfreudig • selbstbewusst
• entschlossen • wettbewerbsorientiert • unabhängig

Erledigt seine Aufgabe rasch.
NORDEN

risikofreudig •
ideenreich •
kreativ •
innovativ •
flexibel •
visionär •
spontan •
enthusiastisch •
freidenkerisch •
energievoll •

Erweitert Horizonte.
WESTEN

OSTEN
Erledigt alles bereits beim ersten Mal richtig.

• von Natur aus
  ein Planer
• qualitätsbewusst
• analytisch
• gut organisiert
• logisch denkend
• konzentrationsfähig
• exakt
• perfektionistisch
• leistungsstark
• geordnet

SÜDEN
Bildet die besten Teams.

• von Natur aus ein Teamspieler • prozessorientiert
• gemächlich • vermeidet Auseinandersetzungen • einfühlsam
• geduldig • verständnisvoll • großzügig • hilfsbereit

Jeder Mensch besitzt Eigenschaften aller vier Typen, doch einer dieser Typen gibt seine Persönlichkeit präziser wieder als die anderen. NORD, SÜD, OST, WEST – welcher dieser Typen beschreibt Sie am besten?

31

Der NORDEN

Typischer NORDEN

- energisch, unabhängig
- entscheidungsfreudig, kontrolliert
- schnell, selbstmotivierend
- selbstbewusst, zuverlässig
- zielgerichtet, ehrgeizig
- offen, direkt, willensstark
- fleißige Führungspersönlichkeit
- aufgabenorientiert, verantwortungsbewusst
- aktiv, mutig

Extremer NORDEN

- aggressiv, übermäßig ehrgeizig
- kontrollierend, sarkastisch
- ungeduldig, explosiv
- arrogant, streitsüchtig
- stets im Recht, immer der Beste
- grob, verurteilend
- einengend, machthungrig
- dominant, anspruchsvoll
- schlechter Zuhörer, egozentrisch
- gefühllos, rachsüchtig

Die nördliche Kulturanalogie

Im nördlichen Kulturkreis lebende Menschen (denken Sie an die robusten Isländer) besitzen gewisse Eigenschaften, die wir in unserem kollektiven Bewusstsein als Kulturmerkmale des Nordens betrachten. Möglicherweise aufgrund des kalten, rauen Klimas, das das Überleben zu einem ständigen Kampf macht, vereint der NORDEN Stärke, Entschlossenheit und Leistungswillen, um schwierige Aufgaben energisch in Angriff zu nehmen und rasch zu erledigen.

Der OSTEN

Typischer OSTEN

- qualitätsbewusst
- detailorientiert, geordnet
- langsam, bedächtig
- konzentriert, methodisch
- organisierter Planer
- logisch, analytisch
- tüchtig, pünktlich
- fleißig, verantwortungsvoll
- traditionsbewusst, konservativ
- ernsthaft, zurückhaltend

Extremer OSTEN

- perfektionistisch
- humorlos, unflexibel
- blockiert
- besitzergreifend, ignorant
- eindimensional denkend, gewohnheitsorientiert
- kritisch, hält an Ritualen fest
- unzufrieden, nachtragend
- unnachgiebig
- Einzelgänger
- engstirnig

Die östliche Kulturanalogie

Im östlichen Kulturkreis lebende Menschen (denken Sie an die korrekten Japaner) besitzen ebenfalls eine Anzahl von Gemeinsamkeiten. Ihre Kultur ist stark von Traditionen und Zeremonien bestimmt. Östliche Kunst und Architektur weist häufig komplizierte Details auf und spiegelt einen gewissen Sinn für Ordnung wider. OST-Eigenschaften umfassen Vorsicht, Ordnung und Disziplin. Offensichtlich ist das Bedürfnis, Chaos zu vermeiden, stark ausgeprägt.

Der SÜDEN

Typischer SÜDEN
- Teamspieler, fröhlich
- freundlich, beliebt
- ruhig, gemächlich
- guter Zuhörer, einfühlsam
- friedliebend, herzlich
- hilfsbereit, gastfreundlich
- fürsorglich
- verständnisvoll, geduldig
- großzügig, freigebig
- prozessorientiert

Extremer SÜDEN
- abhängig, scheu
- zögerlich, gleichgültig
- vage, nachgiebig
- klagt und jammert häufig
- unsicher, ängstlich
- dünnhäutig, verschlossen
- märtyrerhaft, empfindlich
- will allen gefallen
- leicht einzuschüchtern
- besitzergreifend

Die südliche Kulturanalogie

Im südlichen Kulturkreis lebende Menschen (denken Sie an die freundlichen, gelassenen Australier) weisen ebenfalls bestimmte Ähnlichkeiten auf. In südlichen Kulturen findet sich häufig noch der Gemeinschaftsgeist bäuerlicher Gesellschaften, in denen die Menschen von alters her darauf angewiesen waren, zusammenzuarbeiten und einander zu helfen. Vertreter des SÜDENS verbreiten die sonnige Wärme der Tropen und genießen die Gesellschaft anderer Menschen. Sie sind einfühlsam und freundlich.

Der WESTEN

Typischer WESTEN

- risikofreudig, abenteuerlustig
- schnell, energievoll
- visionär, unkonventionell
- innovativ, kreativ
- flexibel, vielseitig
- anpassungsfähig
- spontan, unkompliziert
- enthusiastisch, humorvoll
- offen, wandlungsfähig
- ideenorientiert, visionär

Extremer WESTEN

- albern
- fehleranfällig, impulsiv
- unkonzentriert, zerstreut
- unfähig, etwas zu Ende zu bringen, flatterhaft
- undiszipliniert, sorglos
- unorganisiert, exzentrisch
- unpünktlich, verantwortungslos
- extravagant, wild und verrückt
- übertrieben, ungenau
- oberflächlich, ausweichend

Die westliche Kulturanalogie

Im westlichen Kulturkreis lebende Menschen (denken Sie an die abenteuerlustigen, aufgeschlossenen Amerikaner) teilen ebenfalls viele Eigenschaften. Der Geist des «Wilden Westens» bildet das Kernstück der westlichen Kultur. Die Geschichte der Siedler und Rebellen, die in unerforschte Gebiete vordrangen, und die Themen Freiheit und Abenteuerlust kennzeichnen den risikofreudigen und visionären WESTEN.

EINFACHE METHODEN ZUR BESTIMMUNG DES PERSÖNLICHKEITSTYPS

So finden Sie das schwächste Glied in der Persönlichkeitskette

Oft ist es einfacher, zunächst den schwächsten Punkt Ihrer Persönlichkeit ausfindig zu machen. Sie werden rasch erkennen,

- was Sie nicht mögen
- was Ihnen Angst macht
- was Sie gerne vermeiden
- was in Ihnen Unbehagen hervorruft
- was Sie nicht gut können
- woran Sie keine Freude haben.

Sobald Sie Ihre schwächste Eigenschaft innerhalb der Persönlichkeitskette kennen, wissen Sie auch ohne jeden Zweifel, dass Ihr dominanter Persönlichkeitstyp das genaue Gegenteil verkörpert.

Betrachten Sie noch einmal die auf den vorigen Seiten angeführten Listen der Eigenschaften und Talente, um Ihr schwächstes Merkmal oder das von jemand anderem zu erkennen. Verwenden Sie die nachfolgenden Diagramme, die bildlich aufzeigen, dass Ihr dominanter Typ auf dem Persönlichkeits-Kompass unweigerlich gegenüber Ihrem schwächsten Kettenglied auftauchen wird.

Wenn Sie Ihre Schwächen kennen, entdecken Sie auch Ihre Stärken

- Schwacher NORDEN, Dominanter SÜDEN, Subdominanter O oder W
- Schwacher OSTEN, Dominanter WESTEN, Subdominanter N oder S
- Schwacher SÜDEN, Dominanter NORDEN, Subdominanter O oder W
- Schwacher WESTEN, Dominanter OSTEN, Subdominanter N oder S

Ihr schwächstes Glied enthüllt die Eigenschaften und Talente, die Sie besonders stark fördern sollten, um ausgewogen zu sein, Ihre Beziehungen und Ihren beruflichen Erfolg zu verbessern.

Die Bedeutung der zwei Haupttypen: Ihre Dyade

Die Bestimmung Ihrer Dyade führt zu Selbsterkenntnis

Ihren dominanten (1) und subdominanten (2) Typ, Ihre Dyade, zu verstehen ist aus zwei Gründen wichtig:

- Sie erhalten Einblick in Ihre vorherrschenden Stärken und Talente.
- Sie lernen Ihre schwächsten Eigenschaften und Fähigkeiten kennen. Um den größtmöglichen Erfolg in Ihren Beziehungen und Ihrem Beruf zu erzielen, müssen Sie diese selbstverständlich weiterentwickeln.

Sobald Sie die Dyade eines anderen Menschen bestimmen, wird ein echtes Gespräch möglich

Paula, ein dominanter OSTEN und subdominanter SÜDEN (OS), wusste, dass ihr Vorgesetzter, Mr. Everett, ein OST-NORDEN war. Mit diesem Wissen plante sie sorgfältig ihre Strategie für die nächste Besprechung mit ihm. Als OSTEN würde er von ihr detaillierte Berichte mit Karten, Graphiken und Analysen erwarten, alle Schriftstücke für die weitere Verteilung ordentlich gebunden. Zudem wusste sie, dass sie gegen ihre SÜD-Neigung ankämpfen musste, im Plauderton vom Thema abzugleiten. Sie musste sich daran erinnern, sofort auf die von ihm geforderten, wichtigen Informationen einzugehen und anschließend zuzuhören, was er als NORDEN zu sagen hatte.

Bestimmen Sie Ihre drei Haupttypen: Ihre Triade

Die Funktionsweise der Triade

- Ihr dominanter Typ (1) steht immer Ihrem schwächsten Glied (4) gegenüber.
- Sowohl Ihr subdominanter Typ (2) als auch Ihr drittstärkster Typ (3) grenzen im Persönlichkeits-Kompass immer an Ihren dominanten Typ.
- Ihre drei Haupttypen, Ihre Triade, können etwa gleich stark sein und gleich gute Fähigkeiten aufweisen oder aber verschieden sein. Dies hängt von Faktoren wie etwa den Genen, dem Umfeld und der Erziehung ab.
- Je ähnlicher und ausgeglichener Ihre drei Haupttypen sind, desto schwieriger ist es, ihre Rangordnung festzustellen. Wenn Sie jedoch zunächst Ihr schwächstes Glied bestimmen, ist Ihr dominanter Typ auf der gegenüberliegenden Seite leicht zu erkennen.

- Um das gesamte Spektrum Ihrer Stärken und Schwächen einschätzen zu können, damit Sie bei der Partner- oder Berufswahl eine gute Entscheidung treffen, ist es wichtig, Ihre drei Haupttypen und Ihr schwächstes Glied zu kennen.

Wie Sie die Triade bei schwierigen Entscheidungen einsetzen

Markus konnte sich nicht entscheiden, ob er Kinderarzt oder Architekt werden sollte. Beide Berufe sprachen ihn an. Sobald er seine Triade bestimmt hatte, fiel ihm die Wahl leichter. Mit SÜDEN als seinem schwächsten Glied und OSTEN als drittem Typ in der Triade wäre es für ihn eindeutig schwieriger, den ganzen Tag über mit Kindern in einer durchstrukturierten Praxisumgebung zu verbringen, als Standorte zu besichtigen und seine NORD-WEST-Phantasie einzusetzen, um kreative Gedanken zum Leben zu erwecken.

DIE HERAUSFORDERUNG DES KOMPASSES: ÜBUNGEN ZUR TYPENBESTIMMUNG

Die nachfolgenden Fragen bieten Ihnen die Gelegenheit, Ihr Wissen und Ihr Verständnis für jeden Persönlichkeitstyp zu erweitern. Streichen Sie Ihre Wahl an.

Wie würden Sie sich entscheiden?

Wenn Sie die Wahl treffen müssten zwischen (a) einer Arbeit, die Ihnen Freude bereitet, und (b) einem stundenlangen Gespräch mit Bekannten auf der Veranda, wofür würden Sie sich entscheiden?

Ein NORDEN würde sich für die Arbeit entscheiden, ein SÜDEN das Gespräch wählen.

Wenn Sie die Wahl treffen müssten, entweder (a) die Berechnungen für den Bericht abzuschließen, an dem Sie soeben arbeiten, oder (b) alles augenblicklich stehen und liegen zu lassen und Ihrem Hobby nachzugehen, wie würden Sie sich entscheiden?

Ein OSTEN würde seine begonnene Aufgabe beenden, ein WESTEN das Freizeitvergnügen vorziehen.

Wenn Sie die Wahl treffen müssten, entweder (a) jemandem zu helfen, sich in Szene zu setzen, oder (b) das Lob für Ihre harte Arbeit, um einem Projekt zum Erfolg zu verhelfen, entgegenzunehmen, wie würden Sie sich entscheiden?

Ein SÜDEN würde sich entschließen, im Hintergrund zu bleiben und anderen das Lob zu überlassen. Ein NORDEN würde die Arbeit selbst leisten und die verdiente Anerkennung entgegennehmen.

Wenn Sie die Wahl treffen müssten, entweder (a) kreative Ideen für eine große Theaterproduktion zu entwickeln oder (b) ein Handbuch mit einer schrittweisen Einführung für Medizinstudenten im ersten Studienjahr zu verfassen, wie würden Sie sich entscheiden?

Ein WESTEN würde sich für das kreative Schaffen entschließen und an einem aufregenden und chaotischen Unternehmen teilnehmen. Ein OSTEN würde das ordnende Denken vorziehen und sich hierzu in eine stille und gut strukturierte Umgebung begeben.

Weitere Entscheidungen

Übung zur Typenbestimmung

Wenn Sie sich bereits als dominanter NORDEN erkannt haben, würden Sie sich dann entschließen, (a) vorwiegend an einem Ort zu bleiben und einer gewissen Routine zu folgen oder (b) außerhalb eines Büros zu arbeiten und viel zu reisen?

NORD-OSTEN würden sich für eine stabile, sichere Umgebung entscheiden. NORD-WESTEN würden ein abwechslungsreiches, unvorhersagbares Umfeld vorziehen.

Wenn Sie sich bereits als dominanter OSTEN erkannt haben, würden Sie sich dann entschließen, (a) anderen Menschen vorzustehen und Entscheidungen zu treffen oder (b) einer anderen Person die Leitung zu überlassen?

OST-NORDEN würden sich für die Führungsposition und echte Autorität entscheiden. OST-SÜDEN würden es vorziehen, die Leitung an jemand anderen abzugeben.

Wenn Sie sich bereits als dominanter SÜDEN erkannt haben, würden Sie sich dann entschließen, (a) anderen bei der Planung spezifischer Strategien zu helfen, um die Geldmittel für den Bau eines neuen Krankenhauses aufzubringen, oder würden Sie es vorziehen, (b) das Gebäude zu entwerfen und selbst vor Ort die Bauleitung zu übernehmen?

Ein SÜD-OSTEN würde sich in die Planungsphase des Gemeinschaftsprojekts einbinden. Ein SÜD-WESTEN würde es vorziehen, aktiv bei der Errichtung mitzuwirken.

Wenn Sie sich bereits als dominanter WESTEN erkannt haben, würden Sie sich dann entschließen, (a) die Rangordnung für die vorbereitenden Aufgaben zu einer Ausschusssitzung festzulegen, oder würden Sie es vorziehen, (b) an einem Gemeinschaftsprojekt teilzunehmen und die Mitglieder Ihres Ausschusses zur Zusammenarbeit zu motivieren?

WEST-NORDEN würden sich entscheiden, die vor einem bestimmten Zeitpunkt anfallenden Aufgaben allein zu übernehmen. WEST-SÜDEN würden es vorziehen, in einem geschlossenen Team zu arbeiten und andere zu gemeinsamen Anstrengungen zu ermuntern.

Noch mehr Entscheidungen

Übung zur Typenbestimmung

Setzen Sie ein Kreuz (X) in das Kästchen vor die nachfolgenden Aussagen, die Ihre Einstellung oder die beobachtete Einstellung jener anderen Person am besten widerspiegelt, die Sie mithilfe von Vorlieben, Eigenschaften und persönlichen Wesenszügen bestimmen wollen.

Die von mir zu bestimmende Person zieht es vor ...

1. ☐ mit allen zu sprechen, die bereit sind, von einem neuen und herausfordernden Projekt zu hören (N)
   ☐ einen detaillierten Plan auszuarbeiten, um den Erfolg eines Projekts sicherzustellen (O)
   ☐ Freunden zuzuhören, die von ihren aufregenden Projekten berichten (S)
   ☐ zehn Ideen für mögliche zukünftige Projekte zu präsentieren (W)
2. ☐ einem Ausschuss vorzustehen (N)
   ☐ genaue Aufzeichnungen von einem Ausschusstreffen zu führen (O)
   ☐ ein reguläres Mitglied eines Ausschusses zu sein (S)
   ☐ an so wenigen Ausschüssen wie möglich teilzunehmen (W)
3. ☐ öffentliche Anerkennung für alle ihre Taten entgegenzunehmen (N)
   ☐ ohne großen Aufhebens für ihre Leistung anerkannt zu werden (O)
   ☐ ohne öffentliche Anerkennung hinter den Kulissen zu arbeiten (S)
   ☐ für ihren kreativen Humor anerkannt zu werden (W)
4. ☐ ihre Zeit einem bedeutenden Projekt zu widmen (N)
   ☐ ihre Zeit der Lektüre eines faszinierenden Buchs zu widmen (O)
   ☐ ihre Zeit einem Telefongespräch mit einem Bekannten zu widmen (S)
   ☐ ihre Zeit einem körperlich herausfordernden Spiel zu widmen (W)

5. ☐ lieber allein zu arbeiten als mit Menschen, die ein langsames Tempo einschlagen (N)

☐ lieber allein zu arbeiten als mit Menschen, die stets in Eile sind (O)

☐ mit anderen zusammen zu arbeiten, als allein zu arbeiten (S)

☐ lieber mit anderen zusammen zu arbeiten, aber nur wenn es Spaß macht (W)

6. ☐ eine Aufgabe so rasch als möglich zu beginnen und zu vollenden (N)

☐ eine Aufgabe nach sorgfältiger Überlegung zu beginnen und zu vollenden (O)

☐ ohne jede Eile eine Aufgabe zu beginnen oder zu vollenden (S)

☐ eine Aufgabe rasch zu beginnen, aber ohne Eile zu vollenden (W)

7. ☐ zu arbeiten, anstatt Urlaub zu nehmen (N)

☐ einen Kurzurlaub in allen Einzelheiten zu planen (O)

☐ Urlaub zu nehmen, anstatt zu arbeiten (S)

☐ einen nicht geplanten Urlaub zu nehmen (W)

8. ☐ Zeit knapp zu planen (N)

☐ pünktlich zu kommen (O)

☐ die Zeit zu vergessen (S)

☐ sich zu amüsieren (W)

9. ☐ eher zu kämpfen, statt ein Ziel aufzugeben (N)

☐ sich einem Ziel Schritt für Schritt zu nähern (O)

☐ eher ein Ziel aufzugeben, statt einen Konflikt zu verursachen (S)

☐ erreichte und unerreichte Ziele häufig zu wechseln (W)

10. ☐ die Befugnis zu raschen Entscheidungen zu besitzen (N)

☐ an einem geschlossenen Entscheidungsprozess teilzunehmen (O)

☐ an einer Teamentscheidung teilzunehmen (S)

☐ keine Entscheidung treffen zu müssen (W)

Welcher Typ besitzt diese Fähigkeiten?

Übung zur Typenbestimmung

Setzen Sie ein N, O, S oder W in die Zeile neben die Fähigkeit. Welcher Typ die angeführten besonderen Talente besitzt, ist nicht eindeutig festgelegt. Dennoch ist es interessant, dies von den Grundeigenschaften einer Person abzuleiten.

Fähigkeit	Typ
1. präzise Schätzungen machen	_____
2. rasche Beschlüsse fassen	_____
3. Fehler kontrollieren	_____
4. geschlossene Teams bilden	_____
5. sich an Veränderungen anpassen	_____
6. Probleme lösen	_____
7. eine Führungsposition einnehmen	_____
8. aufmerksam zuhören	_____
9. genaue Aufzeichnungen führen	_____
10. verschiedene Gruppen vereinen	_____
11. mehrere Aufgaben zugleich bewältigen	_____
12. eine Gruppe leiten	_____
13. Daten organisieren	_____
14. Ideen schöpfen	_____
15. Termine einhalten	_____
16. Analysen erstellen	_____
17. andere anspornen	_____
18. in Konflikten vermitteln	_____
19. Autorität ausüben	_____

20. Menschen motivieren _____
21. detaillierte Planungen erstellen _____
22. neue Methoden entwickeln _____
23. Vorgänge beschleunigen _____
24. selbstlos zusammenarbeiten _____

Welcher Typ ergibt das beste Rollenmodell als ...?

Übung zur Typenbestimmung

Setzen Sie ein N, O, S oder W in die Zeile neben dem Rollenmodell. Welcher Typ die angeführten Fähigkeiten besitzt, ist nicht eindeutig festgelegt. Dennoch ist es interessant, dies von den Grundeigenschaften einer Person abzuleiten.

Rollenmodell	Typ
1. Freund	_____
2. Geschäftemacher	_____
3. Fachmann	_____
4. Führungspersönlichkeit	_____
5. Animateur	_____
6. Wettstreiter	_____
7. Überzeuger	_____
8. Rekordhalter	_____
9. Lehrer	_____
10. Komiker	_____
11. Planer	_____
12. Unterhalter	_____
13. Entscheidungsträger	_____
14. Risikofreund	_____
15. Befehlshaber	_____
16. Freiwilliger	_____
17. Kontrolleur	_____
18. Verwalter	_____
19. Abenteurer	_____

20. Realist   _____

21. Verhandler   _____

22. Teamspieler   _____

23. Erfinder   _____

24. Organisator   _____

Antworten: 1 S; 2 W, 3 O; 4 N, 5 W, 6 N, 7 O, 8 O, 9 S, 10 W, 11 O; 12 S; 13 N, 14 W, 15 N, 16 S;
17 O, 18 S, 19 W, 20 N, 21 N; 22 S; 23 W, 24 O

Welchen Typen ziehen diese Hobbys an?

Übung zur Typenbestimmung

Setzen Sie ein N, O, S oder W in die Zeile neben dem Hobby. Welcher Typ diese Neigungen hat, ist nicht eindeutig festgelegt. Dennoch ist es interessant, dies von den Grundeigenschaften einer Person abzuleiten.

Hobby	Typ
1. Golf spielen	———
2. Ballett tanzen	———
3. Glücksspiele spielen	———
4. reiten	———
5. Gemeinschaftsarbeit leisten	———
6. Fußball spielen	———
7. angeln	———
8. Theater spielen	———
9. Rettungsschwimmen	———
10. Bridge spielen	———
11. kirchliche Gemeindearbeit	———
12. in Öl malen	———
13. telefonieren	———
14. freiwilliger Dienst im Krankenhaus	———
15. Tiere dressieren	———
16. Klavier spielen	———
17. Fallschirm springen	———
18. Motorrad fahren	———
19. Kampfsport betreiben	———

20. Obdachlose verköstigen   _____

21. Kekse backen   _____

22. Rennsport betreiben   _____

23. lesen   _____

24. sporttauchen   _____

Antworten: 1 O; 2 O; 3 W, 4 N; 5 S; 6 N; 7 O; 8 W; 9 N; 10 O; 11 S; 12 W; 13 S; 14 S; 15 W; 16 O; 17 W; 18 N; 19 N; 20 S; 21 S; 22 N; 23 O; 24 W

Welcher Typ wird motiviert durch …?

Übung zur Typenbestimmung

Setzen Sie ein N, O, S oder W in die Zeile neben der Motivation. Welcher Typ sich durch die aufgeführten Faktoren anregen lässt, ist nicht eindeutig festgelegt. Dennoch ist es interessant, dies von den Grundeigenschaften einer Person abzuleiten.

Motivation	Typ
1. Zusammenarbeit	____
2. Ziele	____
3. Qualität	____
4. öffentliches Lob	____
5. das Gefühl, gebraucht zu werden	____
6. Freiheit	____
7. Leistung	____
8. Phantasie	____
9. Kameradschaft	____
10. Wettbewerb	____
11. Macht und Kontrolle	____
12. Freundlichkeit	____
13. Abenteuer	____
14. ständige Veränderung	____
15. Ordnung	____
16. Optimismus	____
17. Spontaneität	____
18. Entscheidungen treffen	____

19. kreative Ideen _____
20. Analyse _____
21. Teamarbeit _____
22. Autoritätsstellung _____
23. gutes Benehmen _____
24. Ordnung _____

Antworten: 1 S; 2 N; 3 O; 4 N; 5 S; 6 W; 7 O; 8 W; 9 S; 10 N; 11 N; 12 S; 13 W; 14 W; 15 O; 16 S;
17 W; 18 N; 19 W; 20 O; 21 S; 22 N; 23 O; 24 O

Welcher Typ erfüllt diese Aufgaben am besten?

Übung zur Typenbestimmung

Setzen Sie ein N, O, S oder W in die Zeile neben dem Beruf. Welcher Typ die Aufgaben übernehmen kann, ist nicht eindeutig festgelegt. Dennoch ist es interessant, dies von den Grundeigenschaften einer Person abzuleiten.

Aufgabe/Position	Typ
1. Verkäufer	———
2. Manager für Qualitätskontrolle	———
3. Innenarchitekt	———
4. Minister	———
5. Trainer	———
6. Vorstandsmitglied	———
7. Wirtschaftsprüfer	———
8. Programmierer	———
9. Lehrer	———
10. Architekt	———
11. Entdecker	———
12. Präsident	———
13. Wissenschaftler	———
14. Fremdenführer	———
15. Krankenschwester	———
16. Berater	———
17. Professor	———
18. Pilot	———
19. Entertainer	———

20. Offizier   _____
21. Gehirnchirurg   _____
22. Diplomat   _____
23. Küchenchef   _____
24. Verhandler   _____

Welche Fähigkeiten benötigen Sie für diese Situationen?

Übung zur Typenbestimmung

Unabhängig von Ihrem Typ können Sie lernen, mit bestimmten Situationen in geeigneter Weise umzugehen. Stellen Sie fest, welcher Typ für die angegebenen Situationen die beste Reaktion liefert, und setzen Sie ein N, O, S oder W in die dazugehörige Zeile.

Situation	Richtung
1. Jemand macht Ihnen ein Kompliment	nach _____
2. Sie werden zum Leiter eines Ausschusses ernannt	nach _____
3. Ein Freund bittet Sie um Rat	nach _____
4. Zu Ihren Aufgaben gehört die Ausarbeitung eines detaillierten Berichts	nach _____
5. Jemand beschuldigt Sie fälschlicherweise	nach _____
6. Ihre Gedecke sollen makellos aufgelegt sein	nach _____
7. Von Ihnen wird Zusammenarbeit erwartet	nach _____
8. Sie müssen eine schnelle Entscheidung treffen	nach _____
9. Ein Freund ersucht Sie, alles liegen zu lassen und zu ihm zu kommen	nach _____
10. Sie werden in einen Streit verwickelt	nach _____
11. Sie müssen einen Vertrag aushandeln	nach _____
12. Sie müssen Ihre Prioritäten festlegen	nach _____
13. Ihre Freundin braucht Sie, um sich auszuweinen	nach _____
14. Sie müssen Menschen motivieren	nach _____
15. Ihre Regale müssen neu geordnet werden	nach _____
16. Sie müssen sich durch Verwirrung und Chaos kämpfen	nach _____

17. Es ist wichtig, dass Sie alle Parteien anhören   nach _____
18. Jemand untergräbt Ihre Autorität   nach _____
19. Sie müssen sich perfekt kleiden   nach _____
20. Sie sind der Gastgeber eines großen Festes   nach _____
21. Ein Rezept zu befolgen ist unerlässlich   nach _____
22. Sie benötigen rasch endgültige Ergebnisse   nach _____
23. Jemand fordert Sie zu einer Kletterpartie auf   nach _____
24. Jemand benötigt Hilfe beim Tischdecken   nach _____

Antworten: 1 S; 2 N; 3 W; 4 O; 5 N; 6 O; 7 S; 8 N; 9 W; 10 W; 11 N; 12 N; 13 S; 14 W; 15 O; 16 O; 17 S; 18 N; 19 O; 20 W; 21 O; 22 N; 23 W; 24 S.

Schnelltest zur Typenbestimmung

Sind Sie eher ein NORDEN oder ein SÜDEN?

Lesen Sie die nachfolgenden Wahlmöglichkeiten, und entscheiden Sie sich für das Wort, das Sie häufiger beschreibt (selbst wenn Sie beide Charakterzüge aufweisen). Kreisen Sie das A oder B jeder Fragengruppe ein, und notieren Sie die Summe der Buchstaben auf der nächsten Seite.

1. A zuversichtlich
   B hilfsbereit
2. A selbstbewusst
   B verständnisvoll
3. A schnell
   B gelassen
4. A selbständig
   B Teamspieler
5. A entscheidungsfreudig
   B diplomatisch
6. A energisch
   B konfliktscheu
7. A wettbewerbsorientiert
   B kooperativ
8. A willensstark
   B tolerant
9. A Führungspersönlichkeit
   B loyal

10. A zielstrebig
    B auf Menschen ausgerichtet
11. A Initiator
    B Zuhörer
12. A bestimmt
    B selbstlos
13. A direkt
    B geduldig
14. A ergebnisorientiert
    B auf Beziehungen ausgerichtet
15. A fleißig
    B freundlich
16. A verantwortlich
    B großzügig
17. A aufgabenorientiert
    B auf Frieden ausgerichtet
18. A zuverlässig
    B rücksichtsvoll

19. A mutig
    B unterstützend
20. A produktiv
    B treu
21. A hohe Eigenmotivation
    B Freiwilliger
22. A autokratisch
    B zuvorkommend
23. A weisungsbefugt
    B gesellig
24. A eigensinnig
    B einfühlsam

25. A Herausforderer
    B Vermittler
26. A Praktiker
    B Mittelsmann
27. A termingebunden
    B wertegebunden
28. A hartnäckig
    B verständnisvoll
29. A jemand, der andere antreibt
    B jemand, der anderen gefällig
      sein will
30. A erfolgreich
    B fürsorglich

Gesamtsumme A _____

Gesamtsumme B _____

Antworten: A immer = N, B immer = S

58

Schnelltest zur Typenbestimmung

Sind Sie eher ein OSTEN oder ein WESTEN?

Lesen Sie die nachfolgenden Wahlmöglichkeiten, und entscheiden Sie sich für das Wort, das Sie häufiger beschreibt (selbst wenn Sie beide Charakterzüge aufweisen). Kreisen Sie das C oder D jeder Fragengruppe ein, und notieren Sie die Summe der Buchstaben auf der nächsten Seite.

1.	C	geordnet	10.	C	traditionsbewusst
	D	kreativ		D	risikofreudig
2.	C	strukturiert	11.	C	sachlich
	D	flexibel		D	lebenslustig
3.	C	qualitätsorientiert	12.	C	analytisch
	D	ideenorientiert		D	heiter
4.	C	kultiviert	13.	C	beständig
	D	begeistert		D	vielseitig
5.	C	logisch denkend	14.	C	ernsthaft
	D	visionär		D	humorvoll
6.	C	zurückhaltend	15.	C	effizient
	D	innovativ		D	verträumt
7.	C	planend	16.	C	pünktlich
	D	spontan		D	kühn
8.	C	konzentrationsfähig	17.	C	zuverlässig
	D	einfallsreich		D	delegiert gerne
9.	C	perfektionistisch	18.	C	fleißig
	D	freigeistig		D	improvisiert gerne

19.	C hartnäckig		25.	C setzt Standards
	D phantasievoll			D koordiniert
20.	C vorsichtig		26.	C überzeugend
	D aufgeschlossen			D abenteuerlustig
21.	C schließt eine Sache ab		27.	C protokollorientiert
	D motivierend			D methodenorientiert
22.	C befolgt Anweisungen		28.	C korrekt
	D liefert Meinungen			D anpassungsfähig
23.	C systematisch		29.	C prüft alles zweimal
	D sorgenfrei			D geschäftstüchtig
24.	C genau		30.	C Rekordhalter
	D einfallsreich			D Trendsetter

Gesamtsumme C _____   Gesamtsumme D _____

Antworten: C immer = O, D immer = W

Nachdem Sie nun die beiden Hauptgruppen Ihrer Persönlichkeitskräfte bestimmt haben, sollten Sie die beiden Eigenschaftslisten nochmals sorgfältig
durchlesen. Dadurch werden Sie erkennen, welche der beiden Merkmal-
gruppen in Ihrem Wesen vorherrscht. Ergänzen Sie diese unten als Ihren
dominanten Typen. Geben Sie Ihre zweitstärkste Wesensart als subdominanten
Typen an. (Anmerkung: Ihr dominanter Typ wird im Persönlichkeits-Kompass
stets direkt gegenüber von Ihrem schwächsten Typen auftreten.)

Dominanter Typ _____   Subdominanter Typ _____

FRAGEN UND ANTWORTEN
ZUM PERSÖNLICHKEITS-KOMPASS

Welchen Vorteil bietet der Persönlichkeits-Kompass gegenüber anderen Systemen zur Persönlichkeitsbestimmung?
Fünf Vorteile des Persönlichkeits-Kompasses sind:

1. Er basiert auf bekannten Konzepten und Terminologien. Somit ist es nicht nötig, Neues zu lernen.

2. Da von vornherein eine Beziehung zwischen nebeneinander liegenden Kompassrichtungen besteht (wie etwa NO/NW, SO/SW), fällt es leicht, die natürliche Verbindung zwischen dominanten und subdominanten Persönlichkeitstypen zu begreifen, die im Persönlichkeits-Kompass ebenfalls nebeneinander liegen.

3. Das dominante *und* das subdominante Wesen einer Person zu kennen enthüllt weit mehr als der dominante Typ allein.

4. Die Vorstellung, dass N, O, S und W lediglich Richtungsbezeichnungen sind, zwischen denen keinerlei Hierarchie in Bezug auf Bedeutung und Wert besteht, erleichtert es Ihnen zu verstehen, dass es zwischen den vier Persönlichkeitstypen zwar Unterschiede gibt, sie aber dennoch gleichwertig sind.

5. Der graphische Persönlichkeits-Kompass hilft Ihnen, die Komplexität des Verhaltens und der Persönlichkeit eines Menschen zu vereinfachen, sodass Sie schneller erfassen, wie Sie bestimmte Personen zufrieden stellen, motivieren und beschäftigen können oder wie sich Konflikte mit ihnen vermeiden lassen, indem Sie ihren Wesenstyp begreifen.

Legt der Persönlichkeits-Kompass nicht Stereotypen für Menschen aus dem Norden, Osten, Süden und Westen fest, ohne die Einzig-

artigkeit des Individuums innerhalb jeder geographischen Region und Kultur zu berücksichtigen?

Der Persönlichkeits-Kompass behauptet keineswegs und lässt auch nicht die Schlussfolgerung zu, dass alle in einer bestimmten Region oder einem bestimmten Kulturkreis lebenden Menschen gleich seien. Aber es gibt gewisse Eigenschaften, die als typisch für die Menschen eines bestimmten Kulturkreises oder Gebiets anerkannt sind. Dies bezieht sich nicht auf das Lebensumfeld einer Person, da ein NORDEN, OSTEN, SÜDEN oder WESTEN an jedem geographischen Ort oder in jedem Kulturkreis leben kann und dennoch jene allgemein anerkannten Kultureigenschaften aufweist.

Spricht sich der Persönlichkeits-Kompass in einer Zeit, in der Kulturvielfalt allgemein hoch geschätzt wird, für eine homogene Typisierung von Menschen aus?

Das Gegenteil ist der Fall. Der Persönlichkeits-Kompass betont die positiven Aspekte kultureller Unterschiede und Ähnlichkeiten und ermutigt Menschen, die Vorzüge jedes Kulturkreises mit den jeweiligen Wesenszügen zu entwickeln. Indem wir zunehmend Eigenschaften von allen vier Typen entwickeln, steigern wir unsere Ausgeglichenheit. Wir sind zwar von Natur aus mit bestimmten Grundwesenszügen und Persönlichkeitsmerkmalen ausgestattet, können jedoch lernen, unsere Schwächen zu überwinden und unsere «blinden Stellen» auszubilden. Der Persönlichkeits-Kompass zeigt uns den Weg.

DAS WESEN DES NORDENS

DIE EINZIGARTIGKEIT DES NORDENS

Typischer NORDEN

- energisch, unabhängig
- bestimmt, kontrolliert
- schnell, selbstmotivierend
- selbstbewusst, zuverlässig
- zielgerichtet, ehrgeizig
- offen, direkt, willensstark
- fleißig
- Führungspersönlichkeit
- auf seine Aufgabe konzentriert, verantwortungsbewusst
- aktiv, mutig

Extremer NORDEN

- aggressiv, übermäßig ehrgeizig
- kontrollierend, sarkastisch
- ungeduldig, explosiv
- arrogant, streitsüchtig
- stets im Recht/der Beste
- grob, verurteilend
- einengend, machthungrig
- dominant, anspruchsvoll
- schlechter Zuhörer, egozentrisch
- gefühllos, rachsüchtig

Der NORDEN auf einen Blick

«NORDEN haben Selbstvertrauen»
- **Motto:** Der NORDEN erledigt seine Aufgabe rasch
- **Symbol:** Blitz
- **Größte Stärke:** Trifft rasche Entscheidungen
- **Grundlegende Schwäche:** Ungeduld
- **Grundlegende Begabung:** Führungsqualitäten
- **Priorität:** Ziele erreichen
- **Motivation:** Wettkampf
- **Größtes Ärgernis:** Unentschlossenheit
- **Arbeits- und Spielstil:** selbständig
- **Größte berufliche Fähigkeit:** Aufgaben überwachen
- **Gangart:** schnell und bestimmt
- **Persönlichkeitsbild:** leistungsstark

Ein typischer NORDEN

Als Lee Iacocca beschloss, dass Chrysler ein Kabriolett auf den Markt bringen sollte, erklärte ihm die Entwicklungsabteilung, dass der Bau des Prototyps nahezu ein Jahr in Anspruch nehmen werde. Die Legende besagt, dass Iacocca ausgerufen habe: «Nehmt doch irgendein Auto und sägt dem verdammten Ding das Dach ab!»

Zehn Stärken des NORDENS

Ein typischer NORDEN kann folgende Eigenschaften aufweisen:

1. Führungsqualitäten
2. Entschlossenheit
3. Selbstvertrauen
4. Fachwissen
5. Antriebskraft
6. Schnelligkeit
7. Mut
8. Eigeninitiative
9. Willenskraft
10. Zuverlässigkeit

Ein NORDEN kann Verantwortung übernehmen

Frank, ein NORDEN, ist Pilot einer kommerziellen Fluglinie. Er rettete Dutzende Menschenleben, als er nach dem Absturz seines Flugzeugs die Leitung der Rettungsarbeiten übernahm. Einer der Passagiere beschrieb ihn später als «unermüdlich und beharrlich. Ein Mann mit einem Auftrag, der wusste, was getan werden musste, und die Menschen genau anwies, was sie zu tun hatten, um Hilfe zu leisten.»

NORDEN in Teams

Wie NORDEN ein Team anspornen

Die meisten NORDEN helfen einem Team, indem sie:

- dem Team Selbstvertrauen einflößen
- die Teamspieler zu Arbeit und unermüdlichem Einsatz motivieren
- das Niveau jedes Einzelnen und des gesamten Teams steigern
- das Tempo des Teams erhöhen
- Gleichgültigkeit der Einzelnen in Teamgeist umwandeln
- jeden einzelnen Teamspieler für den Erfolg des Teams verantwortlich machen
- dem Team Entschlossenheit vermitteln
- das Team zu Erfolg anspornen
- das Team zum Sieg führen

Wann die Führungsqualitäten des NORDENS am besten zum Tragen kommen

Der autoritäre Führungsstil des Nordens zeigt die stärkste Wirkung, wenn:

- unselbständige oder unerfahrene Einzelpersonen oder Teams jemanden benötigen, der ihnen genau sagt, was und wie sie etwas tun sollen;
- feindselige oder unbeherrschte Einzelpersonen oder Teams jemanden benötigen, der die Leitung übernimmt und mit Stärke und Entschlossenheit die Ordnung und Zielrichtung wiederherstellt.

Zehn Nachteile des NORDENS

Extreme NORDEN können folgende Eigenschaften aufweisen:

1. Intoleranz
2. die Neigung, andere einzuschüchtern
3. die Neigung, andere zu manipulieren
4. Kampfeslust
5. Ungeduld
6. Gefühllosigkeit
7. Arroganz
8. Chauvinismus
9. Starrsinn
10. herrisches Auftreten

Ein NORDEN kann übertreiben

An schlechten Tagen ist Georg ein unbeliebter Geschäftsmanager, der durch die Abteilungen stürmt und seine Angestellten zurechtweist, wenn etwas nicht nach seiner Vorstellung läuft. Wenn er sich ärgert, will er weder Vorschläge hören noch Hilfe annehmen. Ein Arbeitnehmer sagte über ihn: «Georg erwartet, dass die Menschen sofort tun, was er sagt, und zwar ohne Widerrede. Er will vollkommene Kontrolle.»

Vom Problem zur Lösung

- *Intoleranz* und *Autorität* des NORDENS können mitunter die Leistung verbessern. Wenn jemand hinter den Erwartungen einer Anforderung zurückbleibt oder eine inakzeptable Dienstleistung abliefert, lässt ihn der NORDEN das wissen und verlangt Besserung.
- Mit der *Manipulation* und *Kampfeslust* des NORDENS lassen sich größere Hindernisse überwinden. Wenn eine Blockade ein Ziel unerreichbar erscheinen lässt, kann ein NORDEN so wütend werden, dass er eine nahezu unmögliche Methode findet, um das von ihm Gewünschte doch noch zu erreichen.
- Durch die *Ungeduld* und *Gefühllosigkeit* des NORDENS lassen sich mitunter Schwierigkeiten abwenden, bevor sie eskalieren. Wenn Menschen den Arbeitsprozess durch Klagen verlangsamen, kann ein NORDEN gut durchgreifen.
- *Arroganz* und *Chauvinismus* des NORDENS tragen mitunter dazu bei, das Selbstbewusstsein des Gegners zu erschüttern. Wenn es darauf ankommt, Selbstbewusstsein und Wettbewerbsdenken aufrechtzuerhalten, kann das ein NORDEN mit einem einzigen Blick, einer Geste oder einem Wort: Er verweist seine Gegner auf ihren Platz.
- Durch den *Starrsinn* und das *herrische Auftreten* des NORDENS lässt sich eine Aufgabe mitunter vor dem festgesetzten Termin erledigen. NORDEN tun alles nur Erdenkliche, um einen Termin einzuhalten. Sie zögern nie, auch anderen zu erklären, wie sie eine Aufgabe schnell erledigen können.

DIE UNTERSCHIEDE ZWISCHEN NORD-OSTEN UND NORD-WESTEN

Die Parallele, die der Persönlichkeits-Kompass zwischen den Kulturen des Nordens, Ostens, Südens und Westens und den vier Grundtypen herstellt, erleichtert es Ihnen, die Eigenschaften und Fähigkeiten von Menschen innerhalb ihrer dominanten «Himmelsrichtung» zu bestimmen und sich einzuprägen. Wir können jedoch mehr über eine Person erfahren, wenn wir neben ihrer dominanten NORD-Richtung auch ihre subdominante Wesensart herausfinden. Sie befindet sich auf dem Persönlichkeits-Kompass direkt neben der dominanten Richtung.

Gregor und Mona: Übereinstimmungen und Unterschiede

Gregor, ein dominanter NORDEN und subdominanter OSTEN, besitzt überwiegend Eigenschaften, die mit nördlichen Kulturen übereinstimmen, gefolgt von Merkmalen, die er mit östlichen Kulturen teilt. Mona, ein dominanter NORDEN und subdominanter WESTEN, findet viele Übereinstimmungen mit Gregor, da sie beide dem NORDEN angehören. Dennoch unterscheiden sich Gregor und Mona in vielerlei Hinsicht aufgrund ihrer gegensätzlichen subdominanten Natur.

Nun wissen wir, dass das dominante und subdominante Wesen einerseits einen bedeutenden Einfluss auf die Art der Aufgaben ausüben kann, die einen Menschen anziehen, und andererseits auf die erforderlichen Fähigkeiten, diese Aufgaben gut zu erledigen. Gregor ist als NORD-OSTEN energisch, bestimmt, strukturiert, detailorientiert und organisiert. Mona kann aufgrund ihres NORD-WESTENS als energisch, bestimmt, flexibel, kreativ und abenteuerlustig beschrieben werden. Obwohl sie in ihrer dominanten NORD-Richtung übereinstimmen, besitzen sie unterschiedliche Interessen und Talente.

Der NORD-OSTEN

energisch • entscheidungsfreudig • strukturiert • detailorientiert • organisiert

Der NORD-WESTEN

energisch • entscheidungsfreudig • flexibel • kreativ • abenteuerlustig

SO ERKENNEN SIE EINEN NORDEN
AN SEINEM VERHALTEN

Zwanzig oder mehr Kreuze (X) verweisen auf eine stark ausgeprägte NORD-Wesensart.

NORDEN verhalten sich im Allgemeinen folgendermaßen: Sie ...
- ☐ sprechen, essen und bewegen sich schnell
- ☐ blicken anderen Menschen direkt in die Augen
- ☐ haben einen kräftigen Handschlag
- ☐ sprechen unverblümt und mit Autorität
- ☐ sagen das, was sie auch meinen
- ☐ tragen ihren Kopf hoch und ihre Schultern straff gespannt
- ☐ stehen aufrecht und verwenden weit ausholende Gesten
- ☐ machen große, schwere Schritte
- ☐ tragen kräftige Farben
- ☐ strahlen viel Energie und Durchhaltevermögen aus
- ☐ bewegen sich zielgerichtet
- ☐ erscheinen selbstbewusst und beherrscht
- ☐ wirken mutig und furchtlos
- ☐ sprechen über für sie wichtige Themen
- ☐ arbeiten zu ihrem Vergnügen
- ☐ hassen es, Zeit zu vergeuden
- ☐ sehen sich lieber als Sprecher denn als Zuhörer
- ☐ genießen Aufmerksamkeit und Lob
- ☐ handeln erst und überlegen später

- [ ] übernehmen gerne Verantwortung
- [ ] weisen ihren Zielen oberste Priorität zu
- [ ] finden Ausflüchte unentschuldbar
- [ ] gehen Konflikte direkt an
- [ ] ignorieren Smalltalk
- [ ] können auf andere Persönlichkeitstypen einschüchternd wirken
- [ ] sind mitunter für die Gefühle anderer unempfindlich
- [ ] werden im Straßenverkehr oder bei anderen Verzögerungen leicht ärgerlich
- [ ] wissen, was sie wollen und wie sie es erreichen
- [ ] fühlen sich zumeist im Recht
- [ ] respektieren erfolgreiche Menschen
- [ ] betrachten alles als Wettbewerb
- [ ] spielen, um zu gewinnen
- [ ] treffen rasche, bestimmte Entscheidungen
- [ ] schätzen Erfolg und Macht

Wie erkennen Sie ein NORD-Kind?

Ein typisches NORD-Kind handelt im Allgemeinen folgendermaßen: Es ...

- lässt Sie wissen, was es will
- isst, trinkt und bewegt sich schnell
- bestimmt seine eigene Schlafenszeit
- sagt anderen Kindern, was sie tun müssen
- kann gut selbständig spielen
- ignoriert, wann immer möglich, das Wort «nein»
- versucht früh, gehen zu lernen
- muss stets beschäftigt werden
- legt eigene Regeln fest
- genießt die Schule und den Wettbewerb dort

Dieter besaß nahezu vom Augenblick seiner Geburt an einen eigenen Willen. Wenn er nicht beim ersten Anzeichen von Hunger gefüttert wurde, brüllte er mit hochrotem Gesicht, bis seine Bedürfnisse befriedigt waren. Wenn er das Gefühl hatte, etwas zu versäumen, kämpfte er trotz seiner Erschöpfung gegen den Schlaf an. Es machte Spaß, ihm zuzusehen, wenn er begeistert zu krabbeln, zu gehen oder an die Spitze eines Spielplatzgerüstes zu klettern versuchte. Damit motivierte er die anderen, die dazu neigten, langsamer zu werden oder eine Pause einzulegen.

Ein extremes NORD-Kind handelt im Allgemeinen folgendermaßen: Es...

- steht ständig unter Stress
- bekommt häufig Wutanfälle
- weigert sich, etwas zu tun, was es nicht will
- beharrt auf seinen Vorlieben und Abneigungen
- wird ungeduldig, wenn etwas langsam geht
- setzt seinen Willen durch
- ist fordernd und aufsässig
- versucht, Situationen und Menschen zu beherrschen
- hasst die Schule, weil es Autorität ablehnt
- besteht darauf, das beste Spielzeug zu bekommen

Wenn Simon sein Essen nicht schmeckte, genügte es ihm nicht, ein angewidertes Gesicht zu machen. Er spuckte es auch so weit wie möglich aus und suchte sich dabei am liebsten ein menschliches Ziel. Wenn ein anderes Kind mit einem Spielzeug spielte, das er wollte, nahm er es ihm ohne Rücksicht weg. Oft riss er ein Spielzeug an sich, das er eben erst abgelehnt hatte, nur weil ein anderes Kind damit spielen wollte.

Ein NORDEN in verschiedenen Rollen

**Als Schüler gilt für
einen NORDEN im Allgemeinen
Folgendes: Er ...**

- weiß häufig die Antwort
- spricht seine Meinung offen aus
- bezieht zu Themen und Ideen
  einen festen Standpunkt
- zieht es vor, «im Recht» statt
  «beliebt» zu sein
- fordert das Wissen des Lehrers
  heraus
- steht gern im Mittelpunkt
- findet Mittel und Wege,
  Aufmerksamkeit auf sich zu
  ziehen
- langweilt sich, wenn die Arbeit
  ruhig und langsam vorangeht
- wetteifert um Anerkennungen
- erledigt zusätzliche Aufgaben,
  nur um beschäftigt zu bleiben
- genießt es, einen Vortrag zu
  halten
- engagiert sich in der Pause, bei
  Spielen oder im Turnunterricht

**Als Sportler gilt für
einen NORDEN im Allgemeinen
Folgendes: Er ...**

- glaubt an seine Fähigkeit,
  der Beste zu sein
- trainiert intensiv, um körperlich
  in Bestform zu kommen
- treibt seine körperliche und geistige
  Leistungsfähigkeit an die Grenze
- nimmt an Spielen und Wettbe-
  werben teil, um zu gewinnen
- ist ein schlechter Verlierer
- ärgert sich über Menschen,
  die seinen Sieg verhindern
- besteht bei seinen Mitspielern
  auf einer strengen Arbeitsmoral
- weigert sich, seine Ziele aufzugeben
- überwindet schwere Rückschläge
  durch Entschlossenheit
- schüchtert seine Mitbewerber
  durch seine Willensstärke ein
- stellt den Trainer in Frage, sobald
  er mit dessen Strategien uneins ist
- zeigt persönlichen Stolz

Als Führungsperson gilt für einen NORDEN im Allgemeinen Folgendes: Er ...

- bedient sich eines autoritären Führungsstils
- weiß, wie eine Aufgabe in Angriff genommen werden muss
- wird selten etwas gefragt
- übernimmt in Krisensituationen die Führung und erwartet, dass seine Anweisungen befolgt werden
- behauptet seine Macht, um ein Ziel zu erreichen
- trifft schwierige Entscheidungen ohne Angst vor Strafe
- toleriert weder Ausflüchte noch Zeitverlust
- bittet selten um Hilfe
- hält Pausen kurz, um zur Arbeit zurückzukehren
- spricht häufiger Anordnungen aus als Bitten
- kümmert sich wenig um seine Beliebtheit
- schätzt bei anderen Eigeninitiative und Mut

Als Freund, Ehemann/Ehefrau oder Elternteil gilt für einen NORDEN im Allgemeinen Folgendes: Er ...

- steht gerne im Mittelpunkt
- gibt in den meisten Beziehungen die allgemeine Richtung vor
- bietet sich als starke Schulter zum Ausweinen an
- kennt die richtigen Antworten und Lösungen
- ist in Krisensituationen zuverlässig
- fühlt sich zu jenen am meisten hingezogen, die ihn bewundern und loben
- kann üblicherweise andere dazu bewegen, das zu tun, was er will
- wendet für andere Menschen lieber Geld als Zeit auf
- misst Erfolg an Leistung
- genießt es, mit seinen Freunden und Verwandten (und sich selbst) anzugeben
- gerät mit Menschen, die sich ihm widersetzen, in Konflikt
- äußert Meinungen leichter als Gefühle

Ein NORDEN in verschiedenen Situationen

Zu Hause gilt für einen NORDEN im Allgemeinen Folgendes: Er ...

- vermittelt das Gefühl, alles schaffen zu können
- arbeitet, spielt und liebt mit Leidenschaft
- muss der «Herr des Hauses» sein
- gibt offen oder hinter den Kulissen den Ton an
- wird leicht unruhig und entspannt sich schwer
- möchte, dass alles nach seinem Willen geschieht
- vergisst, sich nach den täglichen Erlebnissen eines anderen zu erkundigen
- genießt es, den Urlaubsort zu wählen
- bittet andere, ihm zu bringen, was er sich wünscht
- unterbricht das Gespräch anderer
- setzt sich für strenge Disziplin ein
- rettet in Notfällen den Tag

Im sozialen Umfeld gilt für einen NORDEN im Allgemeinen Folgendes: Er ...

- sticht aus der Menge hervor
- hat eine Aura von Wichtigkeit
- gibt in Gesprächen die Themen vor
- bewegt sich zielstrebig und selbstsicher
- umgibt sich gerne mit Menschen von Rang und Stand
- ignoriert Menschen, die ihn nicht interessieren
- vereint Geschäft mit Vergnügen
- verlangt rasche Bedienung
- gibt für alle die Bestellung auf
- gibt beeindruckende Trinkgelder
- fährt ein protziges Auto
- verlässt eine Veranstaltung, wenn er sich langweilt oder nichts erreicht

Beim Vorstellungsgespräch gilt für einen NORDEN im Allgemeinen Folgendes: Er …

- erscheint pünktlich, aber nur wenige Minuten vor dem Termin
- blickt anderen direkt in die Augen
- hat einen festen Händedruck
- nimmt Platz, ohne dazu aufgefordert zu werden
- spricht selbstbewusst und oft über seine eigene Person
- berichtet offen über erbrachte Leistungen
- zeigt Interesse an Aufstiegsmöglichkeiten
- spricht laut und deutlich
- erkundigt sich nach dem Aufgabenbereich
- berichtet von seiner Zukunftsvorstellung
- erscheint entspannt und sogar kühn
- befragt den Fragesteller ein wenig

Am Arbeitsplatz gilt für einen NORDEN im Allgemeinen Folgendes: Er …

- erledigt alles rasch
- wetteifert darum, eine Aufgabe als Erster fertig zu stellen
- schließt einen Auftrag vor dem vereinbarten Termin ab
- bittet um mehr Arbeit oder erledigt sie einfach
- erteilt ungefragt Ratschläge
- reagiert mit Ungeduld auf langsame Mitarbeiter oder Arbeitsvorgänge
- arbeitet gerne selbständig
- sucht und genießt Anerkennung
- strebt nach Autoritätspositionen
- tritt mitunter herrisch auf
- verlangt viel von sich und anderen

Zitate, die einen typischen NORDEN beschreiben

«Meine Vorgesetzte ist kompetent und stets vollkommen selbstbewusst und beherrscht. Ich habe niemals erlebt, dass sie schwierigen Verhandlungen oder Entscheidungen ausweicht. Ihre Mitarbeiter respektieren sie. Manchmal beneide ich sie beinahe um ihren Erfolg.»

Robert T.

«Max ist erstaunlich! Er stellte ein 200-Millionen-Dollar-Projekt sechs Wochen vor dem vereinbarten Termin fertig, führte die größte Geldsammlungskampagne in der Geschichte unserer Universität durch und leitete das Fußballteam seines Sohnes als Trainer bis zum Aufstieg in die Nationalmannschaft!»

Edwin J.

«Unsere Tochter bestand darauf, ohne Hilfe nach vorne zu gehen und ihr Diplom eigenhändig in Empfang zu nehmen. Die Ärzte hatten ihr erklärt, dass die Aussichten darauf nach dem Unfall gering seien. Doch sie arbeitete zwei Jahre lang Tag und Nacht daran, es zu schaffen. Als sie das Podium erreichte, erhielt sie stehende Ovationen, weil sie so gewaltige Hindernisse überwunden hatte.»

Michael und Laura K.

Zitate, die einen extremen NORDEN beschreiben

«Sobald mein Mann in den Wagen steigt, drückt er auf die Hupe und beschimpft andere Verkehrsteilnehmer, die zu langsam fahren, die Überholspur blockieren oder den Blinker zum Abbiegen nicht setzen. Er wird dann so wütend, dass ich fürchte, dass er einen Herzinfarkt bekommt.» *Rebekka R.*

«Meine Frau steht auf, holt sich einen Imbiss und setzt sich wieder, ohne mir auch etwas zu bringen. Sie nimmt an, dass ich es ihr sagen würde, wenn ich auch etwas haben wollte. Ich frage mich, ob ich ihr überhaupt etwas bedeute.» *Thomas P.*

«Unser Nachbar ist unausstehlich! Er weiß alles besser. Auch alles, was er besitzt, ist besser als das aller anderen. Darüber hinaus hat er mehr Länder bereist, mehr Dinge erlebt und kennt mehr wichtige Persönlichkeiten als alle anderen. Hinter vorgehaltener Hand sprechen wir von ihm als ‹Herr war schon überall, habe schon alles erlebt›.» *Freddy und Helen L.*

WIE MOTIVIEREN SIE EINEN NORDEN ZUM ERFOLG?

Sie müssen einem NORDEN nur erklären, dass etwas unmöglich ist, und schon findet er Mittel und Wege, die Aufgabe zu lösen. Teilen Sie ihm mit, wie sehr Sie es schätzen, dass er alles so rasch erledigt, und er wird das Doppelte in der Hälfte der Zeit vollbringen. Sagen Sie ihm, dass Sie seinen Rat benötigen, und der NORDEN wird Ihnen genau erläutern, was und wie etwas am schnellsten und besten getan werden kann, oder es selbst allein erledigen. Sagen Sie einem NORDEN, dass dem Lob und Anerkennung winkt, der die anspruchsvollste Aufgabe mit dem geringsten Zeitaufwand vollbringt, und er wird zweifellos der Erste sein, der das gewünschte Ergebnis erkämpft.

Was einen NORDEN anspornt

- Aktion
- Herausforderung
- Ziele
- Wettbewerbe
- Verhandlungen
- Status
- Schnelligkeit
- Sieg
- beschäftigt sein
- Entscheidungen treffen
- öffentliche Anerkennung
- Unabhängigkeit
- die Gelegenheit zu brillieren
- Macht und Kontrolle
- Autorität haben
- eine Führungsposition einnehmen
- der Beste sein
- Termine
- Verantwortung
- wichtige Aufgaben
- praktische Lösungen
- Leistungsfähigkeit
- die Leitung übernehmen
- harte Arbeit

Was einen NORDEN ärgert

Einen NORDEN ärgert alles, was für ihn Zeitvergeudung ist. Er toleriert keine langen Diskussionen, insbesondere wenn sie eine Entscheidung hinausschieben und er die Aufgabe deshalb nicht sofort in Angriff nehmen kann. Am besten erwähnt man einem NORDEN gegenüber nichts, was erst in ferner Zukunft stattfindet. Denn wenn er nicht sogleich beginnen kann, ist er enttäuscht. Sie sollten genau planen, was Sie einem NORDEN mitteilen, und es so knapp und präzise wie möglich sagen. Berichten Sie einem NORDEN niemals mehr, als er tatsächlich wissen muss oder will. Er wird ungehalten, wenn er sich durch nebensächliche Einzelheiten wühlen muss, um die eigentliche Aussage einer Mitteilung herauszufiltern.

Was NORDEN nicht mögen

- Unentschlossenheit
- belanglose Plauderei
- Abhängigkeit
- leicht verletzte Gefühle
- unwichtige Informationen
- Untätigkeit
- Anordnungen befolgen
- genaue Überwachung
- unbedeutende Aufgaben
- langsames Tempo

- Ausflüchte
- Verantwortungslosigkeit
- mangelnde Eigeninitiative
- Gleichgültigkeit
- lange Erklärungen
- Aufschub
- Bürokratie
- Hindernisse auf dem Weg zum Ziel
- Selbstmitleid

Was einen NORDEN begeistert

Ein NORDEN ist glücklich, wenn er ...

- ein wichtiges Ziel zu einem bestimmten Zeitpunkt erreichen muss
- genug Arbeit hat, die ihn herausfordert
- Autorität hat für Entscheidungen
- unabhängig ist, ohne dass ihm jemand «im Nacken sitzt»
- formell oder informell die Führungsposition übernimmt
- die Gelegenheit erhält, einen höheren Status zu erringen
- für seine Leistungen öffentliche Anerkennung erfährt
- bei anderen Leistungsfähigkeit und Eigeninitiative sieht
- an einem echten oder vermeintlichen Wettkampf teilnimmt

Ein NORDEN schätzt es ...

- das Sagen zu haben, um ein Ziel zu erreichen
- Problemsituationen zu lösen
- ohne viel Unterstützung zu arbeiten
- Entscheidungen zu treffen, die Zeit sparen
- unmögliche Stresssituationen zu bewältigen
- Termine einzuhalten
- um ein Ergebnis zu kämpfen
- Parameter festzulegen
- Bedingungen auszuhandeln

Belohnung für einen NORDEN

Die unten angeführte Liste zeigt eine Auswahl von Dingen, die ein NORDEN als Belohnung empfindet. Sie lassen sich sowohl zu Hause als auch am Arbeitsplatz einsetzen, um die Leistung eines NORDENS zu steigern.

- offenes Lob
- die Wahl zwischen verschiedenen Aufgaben und Aktivitäten
- mehr Verantwortung und Macht
- die Möglichkeit, Entscheidungen zu treffen, die sich auf ihn auswirken
- Führungspositionen
- schnelle Reaktion auf Bitten und Fragen
- am schwarzen Brett genannt zu werden
- Anerkennung für Leistungssteigerung
- der Überwachung entgehen
- ein Preis oder eine Plakette mit seinem Namen
- eine positive Eintragung in die Personalakte
- Empfehlungsbriefe
- eine Mitteilung an Vorgesetzte über erbrachte Leistungen
- Ausbildung für einen besseren Posten
- Beförderung
- Gehaltserhöhung
- zusätzliche Leistungen erhalten

SO VERMEIDEN SIE ZUSAMMENSTÖSSE MIT EINEM NORDEN

Wenn Menschen miteinander in Kontakt kommen, können Konflikte entstehen. Viele Zusammenstöße werden durch unterschiedliche Prioritäten ausgelöst. Erinnern wir uns:

- ZIELE sind einem NORDEN wichtig
- TATSACHEN sind für einen OSTEN bedeutsam
- WERTE sind für einen SÜDEN essentiell
- METHODEN sind für einen WESTEN maßgeblich

Zwei NORDEN könnten wegen unterschiedlicher Ziele aufeinander prallen. Ein NORDEN und ein OSTEN könnten in Streit geraten, wenn Ziele und Tatsachen nicht zueinander passen. Ein NORDEN und ein SÜDEN könnten wegen eines Konflikts zwischen Zielen und Werten aneinander geraten und ein NORDEN und ein WESTEN aufgrund unvereinbarer Ziele und Methoden.

Konflikte zwischen Gegensätzen

NORDEN	**SÜDEN**
auf die Ausgabe ausgerichtet	auf den Menschen ausgerichtet
fleißig	gelassen
unabhängig	Teamspieler
praktisch	emotional
autoritärer Führungsstil	demokratischer Führungsstil
kontrollierend	hilfsbereit
schnell	gemächlich

Wie Sie Konflikte mit einem NORDEN vermeiden

- Schenken Sie ihm Ihre Aufmerksamkeit
- Stören Sie ihn nicht
- Handeln Sie auf der Stelle
- Bleiben Sie unpersönlich
- Überlassen Sie ihm die Leitung
- Vergeuden Sie seine Zeit nicht
- Arbeiten Sie schnell und effizient
- Respektieren Sie seine Autorität
- Teilen Sie ihm nur das Wesentliche mit
- Beklagen Sie sich nicht
- Halten Sie Ihre Versprechungen
- Lösen Sie Ihre Probleme selbständig
- Zeigen Sie, dass Sie sich ernsthaft bemühen
- Halten Sie Termine ein

- Geraten Sie nicht in Panik
- Erinnern Sie sich an das Gespräch mit ihm
- Suchen Sie sich stets eine Beschäftigung
- Bieten Sie verschiedene Optionen an
- Setzen Sie sich Ziele
- Bleiben Sie realistisch
- Konzentrieren Sie sich auf das Geschäft
- Kommen Sie zur Sache
- Helfen Sie ihm, gut dazustehen
- Zeigen Sie Unabhängigkeit
- Vermeiden Sie Ausflüchte
- Ergreifen Sie die Initiative
- Betrachten Sie Arbeit als Vergnügen
- Fassen Sie sich kurz
- Fragen Sie nach seiner Meinung
- Zeigen Sie Selbstvertrauen

Ratschläge für das Zusammenleben und -arbeiten mit einem NORDEN

Was Sie tun sollten

- Schätzen Sie den Stolz des NORDENS
- Helfen Sie dem NORDEN, sich bedeutend zu fühlen
- Machen Sie ihm Komplimente
- Erkennen Sie seine Leistungen an
- Bestehen Sie darauf, von ihm mit Respekt behandelt zu werden
- Geben Sie ihm eine Richtungsvorgabe statt Anweisungen
- Leisten Sie gegebenenfalls Widerstand
- Geben Sie dem NORDEN klare Antworten
- Halten Sie Schritt mit seiner schnellen Gangart

Geben Sie einem NORDEN, was er braucht

Marlene war gewarnt worden, dass es unmöglich sei, mit der neuen Leiterin auszukommen. Dennoch wurde sie vor den anderen Mitarbeiterinnen befördert. Sie befolgte erhaltene Anweisungen und setzte sie ohne Widerspruch so rasch als möglich um. Sie erwies ihrer Vorgesetzten Respekt, blieb stets freundlich, beantwortete Fragen direkt und lobte ihren Führungsstil. Sobald sie erkannt hatte, dass auch ihre Chefin ein gewöhnlicher Mensch war, der seine Aufgaben zu erledigen versuchte, fiel es ihr leichter, in deren Anwesenheit entspannt zu bleiben und sich nicht einschüchtern zu lassen.

Was Sie vermeiden sollten

- Lassen Sie sich nicht von einem NORDEN einschüchtern
- Erwarten Sie keine langen Gespräche von ihm
- Reagieren Sie nicht überempfindlich auf seine Schroffheit
- Lassen Sie sich nicht herabsetzen
- Widersetzen Sie sich nicht in aller Öffentlichkeit
- Jammern Sie nicht in seiner Anwesenheit
- Zeigen Sie keine Schwäche oder Feigheit
- Streiten Sie nicht – warten Sie einen besseren Zeitpunkt ab
- Vergeuden Sie keine Zeit
- Unterlassen Sie es, einem NORDEN zeitraubende Fragen zu stellen

Lassen Sie sich nicht einschüchtern

Jahrelang scheute Franziska davor zurück, sich ihrem Mann Jakob zu widersetzen. Deshalb entwickelte sie keine enge Beziehung zu ihm. Sie hasste sich für ihre Feigheit in seiner Anwesenheit, wusste aber keinen Weg, dies zu ändern. Als sich Jakob einmal an sie wandte, als spräche er mit einem Kind, fand sie endlich den Mut, ihm Widerstand zu leisten. Sie blickte ihm in die Augen und bat ihn, niemals wieder auf diese Weise mit ihr zu sprechen, da sie eine erwachsene Frau sei und es nicht verdiene, wie ein Kind behandelt zu werden. Von diesem Augenblick an fühlte sie sich stärker und begann, ihre Meinung auf eine für ihn annehmbare Weise zu äußern. Mit ihrem neu gefundenen Mut und ihrer Kraft rang Franziska ihrem Mann Respekt ab. Ihre Ehe wurde besser als je zuvor.

Die besten Chancen für eine Übereinstimmung mit einem NORDEN

Ehepartner, Kinder, Freunde, Vorgesetzte und Mitarbeiter von NORDEN, aufgepasst! Ein Übereinstimmungstest wird Ihnen helfen herauszufinden, wer sich am besten mit einem NORDEN verträgt.

Die auf dem Persönlichkeits-Kompass an den NORDEN grenzenden Persönlichkeitstypen (OSTEN und WESTEN) besitzen die besten Voraussetzungen für eine Übereinstimmung mit einem NORDEN. Der höchste Grad an Verträglichkeit tritt dann auf, wenn sowohl die dominante als auch die subdominante Wesensart auf dem Kompass direkt an den NORDEN angrenzen.

Verträglichkeit

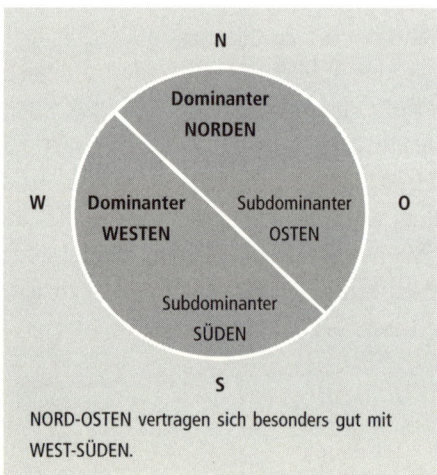

NORD-OSTEN vertragen sich besonders gut mit WEST-SÜDEN.

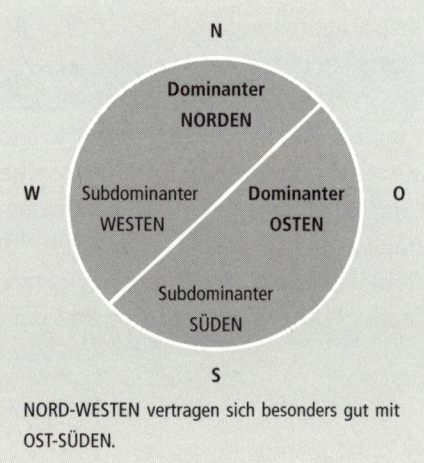

NORD-WESTEN vertragen sich besonders gut mit OST-SÜDEN.

Profitieren Sie von Ihrer Übereinstimmung mit einem NORDEN

1. NORD-OSTEN und WEST-SÜDEN ergänzen einander, wobei sich ihre Eigenschaften und Fähigkeiten so verbinden, dass ausgewogene Einzelpersonen und Teams entstehen.
2. NORD-WESTEN und OST-SÜDEN arbeiten ebenfalls produktiv zusammen, da sich ihre Wesenszüge unterscheiden, aber einander nicht widersprechen.

NORDEN vertragen sich im Allgemeinen schlecht mit dominanten SÜDEN, da sich ihre Wesenszüge widersprechen und sie wenig Gemeinsamkeiten aufweisen – außer es handelt sich um sehr ausgeglichene Personen.

NORDEN vertragen sich im Allgemeinen nicht mit anderen dominanten NORDEN, da beide nach Herrschaft streben, aber sie respektieren einander. Sie benötigen aber andere Grundtypen, um ihr volles Potential zu entfalten.

Tipps für NORDEN zu einem besseren Zusammenleben mit anderen

Kreuzen Sie das jeweilige Kästchen an, sobald Sie diese Fähigkeit erworben haben.

☐ Helfen Sie anderen häufiger
☐ Überlegen Sie, bevor Sie sprechen
☐ Seien Sie freundlich
☐ Hören Sie anderen aufmerksam zu
☐ Berücksichtigen Sie die Bedürfnisse anderer
☐ Versuchen Sie, andere nicht zu beherrschen
☐ Fragen Sie andere nach ihrer Meinung und ihren Vorstellungen
☐ Teilen Sie Ihre Macht, indem Sie Verantwortung abgeben
☐ Schätzen Sie Entwicklungsergebnisse ebenso wie Endergebnisse
☐ Seien Sie im Umgang mit anderen Menschen diplomatisch
☐ Verringern Sie Ihr Tempo, um Fehler und Stress zu vermeiden
☐ Erkennen Sie an, dass Sie mit Teamarbeit mehr erreichen
☐ Erwägen Sie verschiedene Möglichkeiten, ehe Sie handeln
☐ Toben Sie nicht, wenn Sie sich ärgern
☐ Entwickeln Sie Geduld und Verständnis
☐ Vermeiden Sie es, andere zu verurteilen
☐ Seien Sie bescheidener
☐ Genießen Sie das Spiel und nicht nur den Sieg
☐ Erweitern Sie Ihren Blickwinkel
☐ Entspannen Sie sich
☐ Lernen Sie aus konstruktiver Kritik

- ☐ Genießen Sie hin und wieder den Duft von Blumen
- ☐ Hetzen Sie nicht, sondern schätzen Sie andere, die sich Zeit lassen
- ☐ Vermeiden Sie es, die Gefühle anderer zu verletzen
- ☐ Lassen Sie sich nicht von Kleinigkeiten irritieren
- ☐ Nehmen Sie sich Zeit für persönliche Gespräche und Beziehungen
- ☐ Bleiben Sie für die Ansichten anderer offen
- ☐ Entwickeln Sie mehr Kreativität
- ☐ Erkennen Sie die Leistung anderer an
- ☐ Genießen Sie den Umgang mit Menschen und nicht nur Ihre Arbeit
- ☐ Versuchen Sie, Ihre Ungeduld zu beherrschen
- ☐ Stellen Sie Ihre Dienste freiwillig zur Verfügung
- ☐ Lernen Sie Freundlichkeit und Sanftheit zu schätzen

Hier ist Achtsamkeit geboten!

Wenn Sie sich ärgern und Sie Ihre Gefühle durch Wutanfälle ausdrücken wollen, halten Sie inne! Viele NORDEN sind stolz auf ihre Macht und stellen sie gerne zur Schau. In dieser Situation sind Sie aber vermutlich die einzige Person, die dieser Ansicht ist. Im Allgemeinen hat Jähzorn keine positive Wirkung, sondern schadet eher.

DER RICHTIGE BERUF FÜR EINEN NORDEN

Geeignete Berufe und Tätigkeiten für einen NORDEN

- Vorstandsmitglied
- Präsident
- Direktor
- Manager
- Vorarbeiter
- Offizier
- Projektleiter

- Headhunter
- Sicherheitswache
- Vorsitzender
- Veranstaltungsleiter
- Dirigent
- Trainer
- Pilot

Zur Erinnerung

Sie benötigen einen NORDEN am Arbeitsplatz, wenn …

- jemand die Leitung übernehmen und Ziele vorgeben soll
- viele Aufgaben rasch erledigt werden müssen
- ein Projekt termingerecht fertig gestellt werden muss
- jemand Regeln festlegen soll
- jemand ausstehende Beträge einfordern soll

Feinabstimmung für den Beruf

Josef ist ein dominanter NORDEN und ein subdominanter OSTEN. Er eignet sich hervorragend als Manager der Versand- und Empfangsabteilung, da er bei dieser Aufgabe eine Führungsposition einnimmt, jeden Termin einhält und seine Aufzeichnungen perfekt und detailliert führt.

Johannes ist ein dominanter NORDEN und ein subdominanter WESTEN. Er ist ein ausgezeichnetes Vorstandsmitglied, da er Entscheidungen rasch und entschlossen trifft und über ausreichenden Weitblick und Risikobereitschaft verfügt, um das Unternehmen in den nächsten zehn Jahren auf dem von ihm gewählten Kurs zu führen.

Jobs für NORD-OSTEN
- Vorsitzender – Respekt einflößend (N), organisiert (O)
- Veranstaltungsleiter – bestimmt (N), schätzt ein förmliches Protokoll (O)
- Offizier – Führungsposition (N), strukturierte Grundhaltung (O)
- Dirigent – zielgerichtet (N), konzentriert (O)

Jobs für NORD-WESTEN
- Vorstandsmitglied – hat die Leitung inne (N), visionär (W)
- Manager – fleißig (N), flexibel (W)
- Projektleiter – schnell, termingebunden (N), innovativ (W)
- Trainer – liebt Aktion (N), anpassungsfähig (W)

Wieso sich NORDEN hervorragend als Angestellte eignen

Von einem NORDEN kann man erwarten, dass er schwierige Aufgaben selbst unter extremem Druck meistert. Er ist wettkampfstark und wird sein Bestes geben, um ein Ziel zu erreichen. Dies wird ihm schneller gelingen als anderen, da er sich auf die Grundlagen beschränkt. Die folgenden Beispiele zeigen NORDEN in Höchstform.

NORDEN nehmen die Herausforderung an

Der Produktmanager Bruno war entschlossen, die Produktivität seiner Abteilung im kommenden Jahr um zehn Prozent zu steigern. Er teilte allen Angestellten der Abteilung seine Zielsetzung mit und entwickelte wöchentliche Wettbewerbe, die mithelfen sollten, die Aufgabe besser zu bewältigen. Er fand Methoden, zeitraubende Verfahrensschritte abzukürzen und dennoch die Normen der Qualitätskontrolle zu erfüllen. Sobald das Ziel erreicht war, sagte einer seiner Arbeiter über ihn: «Immer wieder krempelte er die Ärmel hoch und setzte sich gemeinsam mit uns ein, wenn ein Termin unerreichbar schien – doch wir haben es geschafft! Bruno ist es zu verdanken, dass wir nicht aufgegeben haben oder gescheitert sind.»

NORDEN gewinnen gern

Die Verwaltungsassistentin Margarete veranstaltete einen Wettbewerb zwischen den Sekretärinnen dreier Abteilungen und stellte der siegreichen Abteilung eine eigene Gedenkplakette und ein Abendessen im besten Restaurant der Stadt als Preis in Aussicht. Die Wettbewerbsbedingungen umfassten die frühzeitigste Abgabe der Abteilungsberichte in drei aufeinander folgenden Monaten, wodurch sich die Tippgeschwindigkeit der gesamten Abteilung über den Zeitraum von drei Monaten steigerte. Margarete gelang es, das Arbeitstempo und die Produktivität innerhalb jeder einzelnen Abteilung zu erhöhen.

Ein NORDEN hasst Zeitvergeudung

Gloria, Oberschwester in einem großen Krankenhaus, schickte ihren Aufnahmeschwestern folgende Mitteilung:

«So effektiv wir auch arbeiten, sind doch die nachstehenden Verbesserungen notwendig, um Zeit zu sparen und die Produktivität zu steigern:

- Arbeiten Sie rascher. Vergeuden Sie weniger Zeit für Plaudereien. Tun Sie das, was getan werden *muss*, und gehen Sie dann zum nächsten Patienten.
- Wenden Sie sich nicht mit so vielen Fragen an mich. Denken Sie nach und treffen Sie Ihre eigenen Entscheidungen. Schließlich sind Sie ausgebildete Krankenschwestern.
- Kürzen Sie Ihre Berichte. Schreiben Sie nicht in einem Absatz, was Sie auch in einem Satz ausdrücken können.»

Ein NORDEN kann eine Situation entschärfen

Frank musste dringend einen Ersatz für Stefan einstellen, der als Projektmanager bei der Errichtung einer Bohrinsel vor der Küste von Texas beschäftigt war. Die Arbeiten lagen weit hinter dem Zeitplan zurück, und der Termin musste unbedingt eingehalten werden, da sich die Hurrikansaison näherte. Frank wusste, dass er einen NORDEN benötigte, denn nur ein NORDEN wäre bereit, die Fehler eines anderen auszumerzen und das Projekt dennoch erfolgreich und termingerecht fertig zu stellen.

Die drei wichtigsten Fragen und Antworten, wenn Sie einen NORDEN für einen NORDEN-Job einstellen wollen

1. «Erzählen Sie von sich.»

Ein NORDEN spricht im Allgemeinen gerne über seine Erfolge und könnte daher etwa Folgendes erwähnen:

- hervorragende Aufgaben, die er bewältigt hat
- wichtige erreichte Ziele
- erfolgreich bewältigte, schwierige Aufträge
- übernommene Führungspositionen
- ausgefochtene Kämpfe
- gewonnene Wettbewerbe
- erworbene Titel
- erhaltene Auszeichnungen

2. «Was interessiert Sie an unserem Unternehmen (oder dem ausgeschriebenen Job)?»

Das Interesse eines NORDENS wird häufig durch Folgendes geweckt:

- eine gehobene Position
- Herausforderung durch Wettbewerbsmöglichkeiten
- viel Aktion
- interessante Aufgaben
- die Aussicht auf Beförderung
- die Ermächtigung, Entscheidungen zu treffen und Kontrolle auszuüben
- ein Belohnungssystem, das Fleiß anerkennt
- bedeutende Mitarbeiter

3. «Warum sollten wir Sie einstellen?»

Ein NORDEN beschreibt seine Stärken im Beruf häufig folgendermaßen:

- Er ist fleißig
- Er ist bereit zu Überstunden
- Er sieht, was getan werden muss, und erledigt es
- Er erledigt seine Aufgaben rasch
- Er erreicht seine Ziele
- Er ist entschlossen, Hindernisse zu überwinden
- Er stellt Projekte vor dem vereinbarten Termin fertig
- Er kann gut mit Stress umgehen

SO SETZEN SIE DEN PERSÖNLICHKEITS-KOMPASS EIN, WENN SIE EIN NORDEN SIND

(dominant oder subdominant)

Der Persönlichkeits-Kompass ist ein Werkzeug, das die Komplexität des menschlichen Verhaltens vereinfacht, damit Sie sich und die Menschen in Ihrer Umgebung besser verstehen. Zudem bietet er praktische Übungen zur Verbesserung Ihrer persönlichen Fähigkeiten; die Übungen können gut ins tägliche Leben integriert werden. Sie können dieses Handbuch für drei spezifische Ziele einsetzen.

Nutzen Sie den Persönlichkeits-Kompass, um Ergebnisse zu erzielen

- Entwickeln Sie ein gut ausgewogenes Gleichgewicht von Eigenschaften und Fähigkeiten zur Steigerung Ihrer Selbstachtung.
- Wenn Sie sich in einen Gesprächspartner verwandeln, der andere tatsächlich wahrnimmt, bereichern Sie Ihre privaten und beruflichen Beziehungen.
- Erweitern und vertiefen Sie Ihre Fähigkeiten und vergrößern Sie so Ihren Erfolg am Arbeitsplatz und im Privatleben.

Nutzen Sie den Kompass, um Ihre NORD-Eigenschaften zu verbessern

Was Sie als NORDEN tun müssen

Ein NORDEN muss lernen, wie ein SÜDEN zu denken und zu handeln:
- um sein inneres Gleichgewicht zu finden
- im Gespräch mit einem SÜDEN
- in Situationen, die Eigenschaften und Fähigkeiten eines SÜDENS erfordern

Ein NORDEN muss wissen, welchen Nutzen es ihm bringt, wie ein SÜDEN zu denken und zu handeln:
- Sie werden mit anderen Menschen entspannter umgehen können
- Sie werden an Sympathie gewinnen
- Sie werden ausgeglichener
- Sie werden lernen, Ihre Schwächen zu schätzen
- Sie werden Ihre Bequemlichkeit überwinden und wachsen
- Sie werden an Selbstachtung und Macht gewinnen

Denken Sie über die Wesenszüge eines SÜDENS nach:
- Ein SÜDEN besitzt ein friedfertiges und großzügiges Wesen
- Er ist selbstlos und auf andere ausgerichtet
- Er hört zu und versucht, anderen zu helfen
- Er meidet Auseinandersetzung und sucht Harmonie
- Er genießt es, im Team zu arbeiten
- Er kann weder sich noch andere zur Eile antreiben

Wie ein NORDEN lernt, in der Art eines SÜDENS zu handeln

1. Schritt Lesen Sie Kapitel 5 dieses Buches aufmerksam durch.

2. Schritt Denken Sie an Ihnen bekannte SÜDEN und fragen Sie sich, was diese sagen oder tun würden.

3. Schritt Bemühen Sie sich, wie ein dominanter SÜDEN zu denken und zu handeln.

4. Schritt Überwinden Sie sich dazu, die Welt und die Menschen, die Ihnen begegnen, aus der Sichtweise eines SÜDENS zu betrachten.

5. Schritt Üben Sie! Das Verhalten und die Fähigkeiten eines SÜDENS sind erlernbar.

6. Schritt Fangen Sie jetzt an und folgen Sie den unten stehenden Richtlinien.

Lernen Sie Schritt für Schritt, wie ein SÜDEN zu handeln

Kreuzen Sie die Kästchen vor jenen Verhaltensweisen an, die Sie stärken wollen, und üben Sie sie.

- ☐ Lachen Sie herzlich und schauen Sie Ihr Gegenüber direkt an
- ☐ Machen Sie Pause und nehmen Sie sich Zeit für ein Gespräch
- ☐ Fragen Sie: «Wie geht es Ihnen?», und hören Sie der Antwort aktiv zu
- ☐ Vermeiden Sie es, während eines Gesprächs auf die Uhr oder im Raum umherzuschauen
- ☐ Packen Sie mit an und helfen Sie, obwohl Sie beschäftigt sind
- ☐ Schenken Sie Ihrem Gegenüber freundliche Worte
- ☐ Konzentrieren Sie sich auf andere Menschen
- ☐ Atmen Sie gut durch, um Auseinandersetzungen und Wutausbrüche zu vermeiden
- ☐ Üben Sie sich in Selbstbeherrschung, wenn Sie erneut die Kontrolle an sich reißen wollen
- ☐ Sprechen Sie leise und nur dann, wenn Sie etwas zu sagen haben
- ☐ Verringern Sie Ihr Tempo und bleiben Sie ruhig und geduldig
- ☐ Zählen Sie bis zehn, sobald Sie prahlen oder aufschneiden wollen
- ☐ Stellen Sie sich auf die Gefühle anderer ein und darauf, wie Ihr Verhalten auf sie wirkt
- ☐ Überlegen Sie, wie Sie jemandem helfen können
- ☐ Verbringen Sie mehr Zeit mit der Familie und Freunden

Bestimmen Sie selbst, was Sie brauchen

Bewertungsformular für einen NORDEN

Nehmen Sie die vorangehenden Seiten als Richtlinie und listen Sie die Verhaltensweisen auf, die Sie zuerst entwickeln wollen.

- *Zuhören*
-
-
-

Führen Sie unten die Strategie an, mit der Sie jeden der obigen Punkte erreichen
wollen.

- *Sicherstellen, dass ich andere zu Wort kommen lasse*
-
-
-

Überlegen Sie sich einen SÜDEN, den Sie bewundern, und notieren Sie vier seiner
Eigenschaften, die Sie gerne hätten oder brauchen.

Name:

-
-
-
-

Werden Sie, was Sie nicht sind

Übersicht über die Fortschritte eines NORDENS

Notieren Sie die Verbesserungen in Ihrem Verhalten in dem folgenden Formular.
Geben Sie den derzeitigen Status mit einem Kreuz (X) an.

Von mir verstärkte Verhaltensweisen	Verbesserung nach einer Woche	Verbesserung nach einem Monat
typische SÜD-Menschen beobachtet	☐	☐
gelächelt	☐	☐
weniger gesprochen	☐	☐
mich nach der Familie anderer erkundigt	☐	☐
Mitgefühl entwickelt	☐	☐
mich bedankt	☐	☐
Gefühle ausgedrückt	☐	☐
anderen Komplimente gemacht	☐	☐
Zeit privat verbracht	☐	☐
bescheidener aufgetreten	☐	☐
freiwillig Hilfe angeboten	☐	☐
andere Menschen geschätzt	☐	☐
andere an erste Stelle gestellt	☐	☐
mehr Pausen gemacht	☐	☐
nicht die Kontrolle übernommen	☐	☐
Zuneigung gezeigt	☐	☐
ohne Grund jemandem etwas geschenkt	☐	☐
Macht an andere abgegeben	☐	☐

in Teams gearbeitet	☐	☐
einen Wutanfall beherrscht	☐	☐
Menschen über Aufgaben gestellt	☐	☐
mehr Verletzlichkeit gezeigt	☐	☐
mit anderen zusammengearbeitet	☐	☐

Eingesetzte Mittel

	in einer Woche eingesetzt	in einem Monat eingesetzt
mich mit einem SÜDEN beraten	☐	☐
über SÜDEN gelesen	☐	☐
viele SÜDEN beobachtet	☐	☐
SÜDEN zu schätzen gelernt	☐	☐
geübt, mich wie ein SÜDEN zu verhalten	☐	☐

Wie Sie den Persönlichkeits-Kompass verwenden, um Beziehungen zu NORDEN zu verbessern

Lernen Sie, den «blinden Fleck» des NORDENS zu verstehen

Wahrnehmungsübung: Stellen Sie sich hin, halten Sie Ihren Kopf ruhig und blicken Sie geradeaus. Bewegen Sie Ihre Augen so weit wie möglich nach links und rechts und beobachten Sie, was in Ihrem Blickfeld liegt. Was sich außerhalb Ihres Blickfelds befindet, ist vorhanden, aber Sie können es nicht sehen.

Auch die menschliche Natur besitzt «blinde Flecken». Sie können bei anderen Dinge erkennen, die diese Menschen an sich selbst nicht sehen – und andere können an Ihnen etwas erkennen, das Sie nicht sehen. Der weitverbreitetste «blinde Fleck» eines NORDENS, der ihm und anderen Probleme verursachen kann, ist die Tatsache, dass Arbeit für ihn oberste Priorität besitzt. NORDEN sehen sich selbst nicht als Arbeitstiere, sind es jedoch im tiefsten Inneren ihres Wesens.

Die Tatkraft eines NORDENS kann einer Beziehung schaden

Immer wieder war Gabriel überrascht, dass er beschuldigt wurde, seine Familie nicht zu lieben. Wie konnte seine Frau Elsa so etwas behaupten? Wenn er sie nicht liebte, warum sollte er dann 12 bis 15 Stunden täglich arbeiten, um ihr einen angemessenen Lebensstil zu ermöglichen? Er hatte sein Leben lang fleißig gearbeitet, Überstunden gemacht und ein erfolgreiches Unternehmen aufgebaut für seine Familie. Wie konnte seine Frau so undankbar sein? Und wie konnte sie behaupten, dass er sie oder die Kinder nicht kannte? Sie hatten eben erst gemeinsam eine phantastische Reise nach Europa gemacht. Es wäre unvernünftig gewesen, die Gelegenheit nicht zu nutzen, auf einem ausländischen Markt Fuß zu fassen, wenn er schon dort war. Und immerhin war es ihm gelungen, sie abends bei einigen wundervollen Gourmetmahlzeiten zu begleiten. Was meinte sie damit, sie brauche mehr? Sie besaß alles, was sich eine Frau nur wünschen konnte.

Wahrnehmung – die Ursache der meisten Probleme
Elsas Wahrnehmung

- Elsa liebt Gabriel und ihre Kinder und möchte mehr Zeit mit ihnen als Familie verbringen.
- Elsa respektiert Gabriels Verlangen nach harter Arbeit, aber nur wenn sie nicht die Zeit verkürzt, die für gemeinsame Augenblicke mit der Familie reserviert wurde.
- Elsa benötigt die Gewissheit, dass Gabriel sie und die Kinder so liebt, dass er gewisse Opfer bringt und ihnen bei besonderen Gelegenheiten seine volle Aufmerksamkeit schenkt.

Gabriels Wahrnehmung

- Gabriel liebt Elsa und ihre Kinder und arbeitet gerne fleißig, um ihnen das Beste bieten zu können.
- Gabriel respektiert Elsas Wunsch nach Familienzeit, aber nur, wenn er dadurch nicht gezwungen wird, günstige Gelegenheiten ungenutzt zu lassen, die zu anderen Zeiten nur äußerst kostspielig zu erreichen wären.
- Gabriel benötigt das Gefühl, durch Liebe nicht in eine Ecke gedrängt zu werden, sodass für andere Dinge kein Raum bleibt, die für ihn oder die Zukunft der Familie wichtig sein könnten.

Lösungen: Geben und Nehmen

- Ein Kompromiss steht im Zentrum jeder Problemlösung.
- Elsa und Gabriel müssen einander ihre Gefühle und Wünsche mitteilen und aushandeln, was sie voneinander anzunehmen bereit sind.
- Elsa sollte vorsichtig darauf hinweisen, wie Gabriels «Arbeitsbesessenheit» das Familienleben beeinträchtigt.
- Gabriel sollte mehr Zeit für seine Frau und seine Familie reservieren und diese auch schätzen. Er sollte nur in Notfällen zulassen, dass lebenswichtige Aufgaben die vereinbarte gemeinsame Zeit verkürzen.
- Elsa sollte die vereinbarte Zeit, die Gabriel für sie und die Kinder reserviert, akzeptieren, ohne ständig mehr zu verlangen. Wenn Hinderungsgründe auftreten, sollte sie diese anerkennen, solange sie Ausnahmen und nicht die Regel sind.

FRAGEN UND ANTWORTEN
ZUR PERSÖNLICHKEIT DES NORDENS

Warum wird so mancher NORDEN wütend, wenn sich ihm jemand widersetzt, wenn seine Handlungen in Frage gestellt werden oder wenn sich jemand weigert, das ihm Aufgetragene zu tun?

Da ein NORDEN von Natur aus schnell und aufgabenkonzentriert handelt, wurzeln derartige Probleme in seinen Bemühungen, eine Aufgabe so rasch als möglich zu erledigen. Ein NORDEN ist zumeist davon überzeugt, im Recht zu sein, und betrachtet Auseinandersetzungen, Fragen und Auflehnung gegen seine Autorität als Hindernisse bei der erfolgreichen Umsetzung seiner Ziele. In der Logik des NORDENS ergibt es einfach einen Sinn, ihm ohne Zögern zu folgen, da er überzeugt ist, nicht nur für sich, sondern auch für andere den besten Weg zu kennen. Er fühlt sich bei demokratischen Diskussionen unbehaglich, die Zeit kosten. Bedenken Sie, dass ein NORDEN seine Natur nicht verleugnen kann, aber er kann und sollte lernen, «nach SÜDEN zu gehen», wenn ihn diese Eigenschaften davon abhalten, zuzuhören und die Gedanken und Wünsche anderer zu berücksichtigen.

Warum wirkt ein NORDEN einschüchternd und beängstigend – sodass Menschen, die anderer Meinung sind, fürchten, in Schwierigkeiten zu geraten oder ihn für immer zu verlieren?

Die meisten NORDEN beabsichtigen keineswegs, andere einzuschüchtern oder zu bedrohen. Da sich ihre energiegeladene Natur auf den raschesten und sichersten Weg zum Erfolg konzentriert und ihr Geist, ohne zu zögern, blindlings zur Handlung übergeht, glauben die meisten NORDEN, hilfreich zu sein, wenn sie unaufgefordert einen Ratschlag erteilen, wie das eine oder andere am schnellsten zu erledigen wäre. Für einen Nicht-NORDEN, der eine andere Sichtweise hat, kann das schmerzlich oder ärgerlich sein.

Warum scheinen es manche NORDEN zu genießen, anderen gegenüber grob und unhöflich zu sein, ohne sich ihres gefühllosen Verhaltens zu schämen?

Da ein NORDEN von Natur aus Macht, Stärke und die rasche Erledigung von Aufgaben schätzt, können ihm Menschen, die ihm nicht gleichen, als schwach oder unfähig erscheinen und ihm das Gefühl vermitteln, sein Zorn sei berechtigt. Da er glaubt, im Recht zu sein, fühlt er sich sogar ermächtigt, diese Menschen «auf den richtigen Weg zu bringen», indem er sie ausschimpft. Sein persönlicher Stress- und Erschöpfungsgrad und sein Selbstwertgefühl spielen häufig eine übergeordnete Rolle in seinem Verhalten anderen gegenüber. Ein NORDEN sollte sich vor Augen halten, dass ein Mensch weit besser durch ein respektvolles und sinnvolles Gespräch als durch eine Beleidigung oder Anklage lernt.

DAS WESEN DES OSTENS

DIE EINZIGARTIGKEIT DES OSTENS

Typischer OSTEN
- qualitätsbewusst
- legt Wert auf Einzelheiten
- langsam, bedächtig
- konzentriert, methodisch
- organisierter Planer
- logisch, analytisch
- förmlich, pünktlich
- fleißig, verantwortungsvoll
- traditionsgebunden, konservativ
- ernsthaft, zurückhaltend

Extremer OSTEN
- perfektionistisch
- humorlos, wenig flexibel
- stagnierend
- besitzergreifend, ignorant
- eindimensionales Denken, gewohnheitsgebunden
- kritisch, hält an Ritualen fest
- unzufrieden, nachtragend
- unnachgiebig
- Einzelgänger
- engstirnig

Der OSTEN auf einen Blick

«OSTEN haben Klasse»

- **Motto:** Der OSTEN erledigt alles bereits beim ersten Mal richtig
- **Symbol:** Planetenlaufbahn
- **Größte Stärke:** etwas in allen Einzelheiten planen
- **Grundlegende Schwäche:** eindimensionales Denken
- **Grundlegende Begabung:** Analysefähigkeit
- **Priorität:** Fakten
- **Motivation:** Fehler suchen
- **Größtes Ärgernis:** Unpünktlichkeit
- **Arbeits- und Spielstil:** ernsthaft
- **Größte berufliche Fähigkeit:** Organisation
- **Gangart:** langsam und bedächtig
- **Persönlichkeitsbild:** qualitätsbewusst

Ein typischer OSTEN

Als Benjamin Franklin einen Redakteur für seine Zeitung benötigte, lud er einen Bewerber zum Mittagessen ein und teilte ihm später höflich mit, dass die Stelle nicht zu ihm passe. Als der Bewerber nach dem Grund fragte, gab Franklin zur Antwort, dass der Bewerber sein Steak gesalzen habe, ohne es vorher zu kosten. Die Aufgabe erfordere jedoch eine Person, die niemals überhastete Schlussfolgerungen ziehe oder vorschnelle Urteile fälle.

Zehn Stärken des OSTENS

Ein typischer OSTEN kann folgende Eigenschaften aufweisen:

1. analytische Denkfähigkeit
2. Organisation
3. Fleiß
4. Konzentration
5. Zielorientierung
6. Beharrlichkeit
7. Logik
8. Verständnis
9. Anständigkeit
10. Verantwortungsbewusstsein

Ein OSTEN kann Monotonie ertragen

Anna erbrachte am Fließband eines großen Motorenwerks in Detroit eine so gute Leistung, dass ihr eine Aufsichtsposition angeboten wurde. Nach nur drei Monaten in ihrem neuen Aufgabenbereich bat sie, zu ihrer Arbeit am Fließband zurückkehren zu dürfen. Sie drückte ihren Wunsch folgendermaßen aus: «Am Fließband weiß ich genau, was ich jeden Tag zu erwarten habe und ob ich meinen Job gut oder schlecht mache. Dort ist alles richtig oder falsch, und es gefällt mir, ständig dasselbe auf dieselbe Weise zu tun.» OSTEN fühlen sich mit Routine und Monotonie wohl.

OSTEN in Teams

Wie OSTEN ein Team anspornen

Die meisten OSTEN helfen einem Team, indem sie:

- die Teamspieler motivieren, ihre Fähigkeiten zu perfektionieren
- das Niveau jedes Einzelnen und des gesamten Teams steigern
- die Leistungsfähigkeit des Teams erhöhen
- einen Spielplan für das Team ausarbeiten
- die Vielfalt der Einzelspieler in Teamharmonie umwandeln
- die Disziplin jedes Spielers aufrechterhalten, um das Teamziel zu erreichen
- Teamstrategien einüben, die die Leistung steigern
- das Team anregen, durch bestimmte Methoden Erfolg zu erzielen
- das Team durch Planung und Übung zum Sieg führen

Wann die Führungsqualitäten des OSTENS am besten zum Tragen kommen

Der straffe Führungsstil des OSTENS zeigt die stärkste Wirkung, wenn:

- abhängige und unerfahrene Einzelspieler oder Teams die Sicherheit brauchen zu wissen, was sie tun sollen, und gleichzeitig das Gefühl benötigen, selbst die Kontrolle auszuüben, auch wenn sie hinter den Kulissen gelenkt werden;
- feindliche und außer Kontrolle geratene Einzelpersonen oder Teams jemanden benötigen, der die Ordnung wiederherstellt und sie vor sich selbst oder anderen schützt, ohne ihnen das Gefühl zu vermitteln, ihre Autorität und Macht einzuschränken.

Zehn Nachteile eines OSTENS

Extreme OSTEN können folgende Eigenschaften aufweisen:
1. Besessenheit
2. Pessimismus
3. übermäßige Vorsicht
4. Tendenz zu heftiger Kritik
5. Langsamkeit
6. Sarkasmus
7. Engstirnigkeit
8. Zurückgezogenheit
9. Konfliktbereitschaft
10. Snobismus

Ein OSTEN kann es mit dem Perfektionismus übertreiben

Peter, Vorarbeiter der Maschinenwerkstatt, toleriert an einem schlechten Tag weder Verspätungen noch schmutzige Maschinen, Abfälle in den Gängen, unzulängliche Arbeit oder Säumigkeit unter den Maschinisten. Jede Station ist mit einer eigenen Kontrollkarte ausgestattet, die die genauen Arbeitsstunden, die Einzelheiten des Verfahrensflusses, Inventurdaten, Qualitätskontrollspezifikationen, Leistungsmessungen, Kommunikationssysteme und eine dreifache Checkliste enthält, um jeden Defekt auszuschließen. Als einer der Maschinenbetreuer aufgrund der übermäßigen Belastung kündigte, die Peters unmögliche Anforderungen hervorriefen, heftete er ein großes Plakat an Peters Tür mit der Aufschrift «Lebe endlich!».

Vom Problem zur Lösung

- *Pessimismus* und *übertriebene Vorsicht* des OSTENS können zu fundierten Entscheidungen und erhöhter Sicherheit führen. Wenn jemand dazu neigt, große Risiken auf sich zu nehmen, oder potentiell gefährliche Situationen übersieht, kann ein OSTEN darauf hinweisen und seine Beobachtungen begründen.

- *Besessenheit* und *Langsamkeit* des OSTENS können mitunter dazu führen, dass man die «Nadel im Heuhaufen» findet. Wenn sich Tatsachen oder Fehler in Bergen von Daten oder anderen Arten von Unordnung verlieren, besitzt der OSTEN die Geduld und Beharrlichkeit, sich durch die Einzelheiten zu wühlen, um genau das zu finden, was er sucht.

- *Engstirnigkeit* und *Konfliktbereitschaft* des OSTENS können in Verhandlungen mitunter wirkungsvoll sein. Inmitten von Vertragsverhandlungen kann ein OSTEN alle Parteien auf das Thema sammeln, bis jeder seine Ansicht logisch darstellt und andere Meinungen akzeptiert werden.

- *Heftige Kritik* und *Sarkasmus* des OSTENS können mitunter zu einer Qualitäts- und Leistungssteigerung führen. Wenn jemand die erforderten fachlichen Maßstäbe oder Produktionsstandards nicht erfüllt, kann ihn ein OSTEN zu einer Steigerung bewegen.

- *Zurückgezogenheit* und *Snobismus* des OSTENS können eine selbständige Denkweise erzeugen. In Jurys und bei Sitzungen, bei denen es wichtig ist, Entscheidungen ausschließlich auf Fakten zu begründen, kann ein OSTEN sich auf Beweise beziehen und seine Prinzipien rechtfertigen.

DIE UNTERSCHIEDE ZWISCHEN OST-NORDEN UND OST-SÜDEN

Mithilfe der aufgezeigten Parallelen zwischen den vier Kulturkreisen und den vier Grundtypen erleichtert der Persönlichkeits-Kompass Ihnen, die Fähigkeiten von Menschen innerhalb der nördlichen, östlichen, südlichen und westlichen Himmelsrichtung zu erkennen und sich einzuprägen. Wir wissen, dass OSTEN Eigenschaften besitzen, die denen gleichen, die wir in östlichen Kulturen finden. Wir können jedoch mehr über sie erfahren, wenn wir zusätzlich ihr subdominantes Wesen bestimmen, das im Kompass an ihr dominantes angrenzt.

Sarah und Markus: Übereinstimmungen und Unterschiede

Sarah stimmt in ihren meisten Eigenschaften mit östlichen Kulturen überein. Als dominanter OSTEN und subdominanter NORDEN besitzt sie aber auch viele Merkmale, die nördlichen Kulturen zu Eigen sind. Markus teilt als dominanter OSTEN und subdominanter SÜDEN aufgrund ihrer übereinstimmenden OST-Eigenschaften vieles mit Sarah. Da ihre subdominanten Wesensarten jedoch entgegengesetzt sind, unterscheiden sie sich auch.

Sowohl die dominante als auch die subdominante Wesensart wirken sich stark auf die Art der Aufgaben aus, die einen Menschen anziehen, und auf ihre Eignung, in diesem Aufgabenbereich Qualität und Leistung zu erbringen. Sarah ist als OST-NORDEN strukturiert, auf Einzelheiten konzentriert, energisch, entschlossen und schnell. Markus ist als OST-SÜDEN strukturiert, auf Einzelheiten bedacht, freundlich, hilfsbereit und gelassen. Obwohl beide als dominante Wesensart OSTEN aufweisen, haben sie unterschiedliche Interessen und Talente und sind für verschiedene Aufgaben gut geeignet.

Der OST-NORDEN

strukturiert • detailorientiert • energisch • entschlossen • schnell

Der OST-SÜDEN

strukturiert • detailorientiert • freundlich • hilfsbereit • gelassen

SO ERKENNEN SIE EINEN OSTEN
AN SEINEM VERHALTEN

Zwanzig oder mehr Kreuze (X) verweisen auf eine stark ausgeprägte OST-Wesensart.

OSTEN verhalten sich im Allgemeinen folgendermaßen: Sie ...

- ☐ haben eine besonders aufrechte Haltung
- ☐ wirken bedacht und ernsthaft
- ☐ sind pünktlich oder treffen vorzeitig ein
- ☐ tragen geschmackvolle konservative Kleidung
- ☐ bewegen sich gemessenen Schrittes
- ☐ weisen das Verhalten eines Intellektuellen auf
- ☐ scheinen reserviert und abwesend
- ☐ halten ihre Gefühle unter Kontrolle
- ☐ klingen sachkundig und verständlich
- ☐ geben exakte Informationen
- ☐ streiten häufig, weil sie es genießen zu überzeugen
- ☐ denken logisch und berücksichtigen Ursache und Wirkung
- ☐ erledigen eine Aufgabe Schritt für Schritt
- ☐ befolgen Anweisungen genau
- ☐ denken, ehe sie sprechen oder handeln
- ☐ können lange Zeit hindurch stillsitzen
- ☐ sprechen langsam und behutsam
- ☐ arbeiten an einem Projekt, bis es abgeschlossen ist
- ☐ meiden persönliche Fragen

- [ ] liefern präzise Details
- [ ] treffen erst nach reiflicher Überlegung eine Entscheidung
- [ ] hassen Durcheinander und Unordentlichkeit
- [ ] schätzen angemessene Umgangsformen und legen Wert auf Etikette
- [ ] sind sehr konzentrationsfähig
- [ ] bestehen darauf, eine Aufgabe beim ersten Mal richtig zu erledigen
- [ ] ärgern sich über Fehler oder mangelhafte Qualität
- [ ] gehen auf analytische Weise an Konflikte heran
- [ ] sprechen, bewegen sich und essen bewusst langsam
- [ ] lassen nichts unversucht, um die richtige Antwort herauszufinden
- [ ] finden Inkompetenz unerträglich
- [ ] weisen Tatsachen oberste Priorität zu
- [ ] sind kritisch gegenüber Nicht-OSTEN
- [ ] befolgen gerne Regeln
- [ ] schätzen Qualität, Logik und Präzision

Wie erkennen Sie ein OST-Kind?

Ein typisches OST-Kind handelt im Allgemeinen folgendermaßen: Es ...

- ist an seinem Äußeren interessiert
- vermeidet es, schmutzig oder unordentlich zu werden
- fügt sich leicht in geplante Routineabläufe
- fragt häufig «Warum?» und erwartet korrekte Antworten
- zieht geistige Spiele den körperlichen vor
- konzentriert sich lange auf ein Spielzeug oder ein Projekt
- nimmt Dinge auseinander und setzt sie wieder zusammen
- stellt für sich selbst einen Zeitplan auf
- bemüht sich, Regeln zu befolgen und das Richtige zu tun
- genießt die Struktur der Schule und lernt gern

Erika schien mit einem genauen Zeitplan geboren worden zu sein. Man konnte nach dem Rhythmus, wann sie hungrig wurde, einschlief oder aufwachte, die Uhr stellen. Im Alter von zwei Jahren besaß Erika eine genaue Vorstellung von dem, was sie gerne trug – und jede Kombination musste in Farbe und Stil zusammenpassen. Mit zehn Jahren gewann sie einen Preis für die detailgetreueste Sandburg am Strand. Ihre Lehrer mochten sie, weil ihr das Lernen Freude bereitete, ihre Unterlagen stets ordentlich waren, sie pünktlich zur Stunde kam und Anweisungen immer genauestens befolgte.

**Ein extremes OST-Kind handelt im Allgemeinen folgendermaßen:
Es …**

- steht ständig etwas unter Stress
- zieht sich womöglich mehrmals täglich um
- kann eine Besessenheit für seinen persönlichen Besitz entwickeln
- kann erregt reagieren, wenn ein Spielzeug zu Bruch geht
- beharrt darauf, dass alles an einen bestimmten Platz gehört
- sorgt sich um Dinge, die geschehen könnten
- hasst es, wenn jemand in sein persönliches Umfeld eindringt
- lehnt Abweichungen von Regeln und von Routine ab
- bleibt stundenlang ohne körperliche Bewegung sitzen
- hasst es, wenn man es neckt

Kim schmollte und weigerte sich zu essen, sobald ihre Großmutter ihr etwas auf den Teller legte – sehr zum Leidwesen ihrer Großmutter. Kim konnte den Gedanken nicht ertragen, dass sich die Erbsen mit den Kartoffeln, dem Fleisch, dem Salat oder dem Brot vermischten. Damit nicht genug: Sie zog es vor, ihre Mahlzeit in einer bestimmten Anordnung im Uhrzeigersinn zu essen. In dieser Abfolge mussten die Speisen auf ihrem Teller liegen. Sie wünschte sich, dass ihre Großmutter ihr erlaubte, ihren Teller selbst anzurichten.

Ein OSTEN in verschiedenen Rollen

Als Schüler gilt für einen OSTEN im Allgemeinen Folgendes: Er ...

- stellt genaue Fragen
- weist seine Lehrer auf Fehler hin
- ärgert sich, wenn eine Diskussion abschweift
- bringt wenig Verständnis für übertriebenes Verhalten und Unpünktlichkeit auf
- genießt geistige Herausforderungen
- gibt sehr ordentliche Unterlagen ab
- nimmt die Ausbildung ernst
- diskutiert gern logische Aspekte
- ist lerneifrig und intellektuell
- analysiert alles
- stellt nach dem Unterricht dem Lehrer Nachfragen zu den gegebenen Aufgaben
- ist aufmerksam und konzentriert

Als Sportler gilt für einen OSTEN im Allgemeinen Folgendes: Er ...

- ist sehr diszipliniert
- genießt die Routine täglichen Trainings
- arbeitet ständig an der Vervollkommnung seiner Fähigkeiten
- erscheint frühzeitig und ist stets vorbereitet
- kann der Cleverste, Stärkste und Schnellste sein
- muss den Sinn hinter einem Spielzug erkennen
- erwartet, dass Zeitpläne genau eingehalten werden
- lehnt Albernheiten ab
- sorgt sich um die Vorbereitung und die Einzelheiten
- analysiert und plant Strategien, um die Qualität des Spiels zu erhöhen
- konzentriert sich auf Verbesserungsmöglichkeiten, selbst wenn er gewonnen hat

Als Führungsperson gilt für einen OSTEN im Allgemeinen Folgendes: Er …

- hat einen straffen Führungsstil
- ist gut organisiert und erwartet von anderen dasselbe
- führt genaue Aufzeichnungen
- sorgt für eine ausgeglichene Bilanz und ist vorsichtig im Umgang mit Geld
- hat strenge Regeln und Prinzipien
- befolgt die Firmenpolitik buchstabengetreu
- beginnt Sitzungen und Veranstaltungen pünktlich
- zieht strukturierte Verfahren einer zwanglosen Sitzung vor
- akzeptiert lange, detaillierte Diskussionen
- zieht es vor, Aufgaben selbst zu übernehmen und sie «richtig» zu erledigen
- erledigt Aufträge gerne auf althergebrachte Weise

Als Freund, Ehemann/Ehefrau oder Elternteil gilt für einen OSTEN im Allgemeinen Folgendes: Er …

- hat gute Umgangsformen und erwartet dieselben von anderen
- korrigiert andere mit den Worten «du solltest»
- wirkt geheimnisvoll distanziert
- streitet über Belangloses
- betrachtet Übertreibungen und Ungenauigkeit als Lügen
- erwartet von anderen dieselben hohen Maßstäbe
- benötigt Sauberkeit und Ordnung
- macht geistige Aufzeichnungen, wer für eine Aufgabe «an der Reihe» ist
- spricht sich in Beziehungen für Gleichberechtigung aus
- schätzt Marken, die für Qualität stehen
- hält im täglichen Leben geregelte Abläufe aufrecht
- ist zuverlässig, kompetent und vermittelt anderen ein Gefühl von Sicherheit

Ein OSTEN in verschiedenen Situationen

**Zu Hause gilt für
einen OSTEN im Allgemeinen
Folgendes: Er ...**

- vermittelt ein Gefühl von Ordnung und Beständigkeit
- schätzt es, wenn alles seine Ordnung hat
- pflegt Haus und Garten sorgfältig
- zeigt Gefühle nur mit Zurückhaltung
- genießt die Privatsphäre (könnte Zäune errichten)
- fährt leistungsstarke, hochwertige Fahrzeuge
- führt lange und detaillierte Listen zu erledigender Aufgaben
- stützt sich auf einen Tagesplaner und den Terminkalender
- versucht, mit seinen Kindern zu argumentieren
- räumt ständig auf
- fühlt sich durch unerwartete Besucher gestört
- hält eine tägliche Routine ein

**Im sozialen Umfeld gilt für
einen OSTEN im Allgemeinen
Folgendes: Er ...**

- lehnt sich zurück und beobachtet andere (könnte kritisierend wirken)
- erscheint selbstsicher und geschliffen
- hat makellose Umgangsformen und respektiert sie an anderen
- erwartet ausgezeichnete Bedienung
- genießt und bietet anregende Unterhaltung
- meidet außergewöhnliche Aktivitäten
- riskiert es nicht, sich zum Narren zu machen
- ist ein «schlechter Verlierer»
- zieht sich häufig frühzeitig von sozialen Kontakten zurück
- ist bei Einladungen wählerisch
- teilt gemeinsame Rechnungen auf den Pfennig genau auf
- zieht einen Abend allein zu Hause einer Party vor

Beim Vorstellungsgespräch gilt für einen OSTEN im Allgemeinen Folgendes: Er ...

- könnte 15 Minuten zu früh eintreffen
- hat Blickkontakt, vermeidet es jedoch, jemanden anzustarren
- hat einen korrekten, nicht zu festen Handschlag
- kleidet sich konservativ
- hat gut geputzte Schuhe und manikürte Nägel
- wartet auf die Aufforderung, Platz zu nehmen
- ist geistreich und stellt Fragen
- drückt sich verständlich und gepflegt aus
- hat sich vermutlich über das Unternehmen informiert
- zeigt Interesse an Regeln, Verfahren und Systemen
- erkundigt sich nach genauen Erwartungen und Tatsachen
- hat Lebenslauf und Empfehlungsschreiben dabei

Am Arbeitsplatz gilt für einen OSTEN im Allgemeinen Folgendes: Er ...

- überprüft getane Arbeit mehrmals
- nimmt seine Verantwortung ernst
- arbeitet langsam, sorgfältig und bedächtig
- kritisiert die mangelhafte Leistung anderer
- erledigt seine Aufgabe gerne beim ersten Mal richtig
- ist bei seinen Mitarbeitern wählerisch
- konzentriert sich stets auf eine einzige Aufgabe
- erledigt Aufgaben in logischer, methodischer Abfolge
- beendet, was er beginnt
- kann gut allein und in geschlossenen Räumen arbeiten
- genießt detaillierte Aufgaben, die Genauigkeit erfordern
- hält seinen Arbeitsplatz und seine Aufzeichnungen stets ordentlich

Zitate, die einen typischen OSTEN beschreiben

«Margarethe ist die perfekte Gastgeberin. Die Planung einer Party muss sie monatelang beschäftigen, denn jedes Detail ist perfekt, von den farblich abgestimmten Lilienbuketts, die in einer Glasschale treiben, bis zu den gravierten Tischkärtchen, dem ausgewählten Menü und der Musikauswahl.»   *Laura J.*

«Wenn Sie jeden legalen Rechnungsprüfertrick erfahren wollen, um Steuern zu sparen, sollten Sie Leo anrufen. Er hat Jahre damit verbracht, sein System zu perfektionieren, doch jeder Abzugsposten ist garantiert legal.»   *Peter F.*

«Wir sind so stolz auf unseren Sohn André. Sein Gesangslehrer erklärte, nie zuvor einen disziplinierteren Studenten gehabt zu haben. Er behauptet sogar, dass André, wenn er die emotionalen Nuancen der Musik noch besser berücksichtigt, zweifellos eines Tages an der Metropolitan Opera singen wird!»

Robert und Viktoria C.

Zitate, die einen extremen OSTEN beschreiben

«Louis macht mich verrückt. Es scheint, als würde ihn jemand jeden Morgen aufziehen und für den Tag programmieren. Er weicht niemals von seiner starren Routine ab. Erst öffnet er die Läden, dann putzt er seine Zähne, duscht und rasiert sich, kleidet sich an, gießt seinen Kaffee ein, schneidet eine Banane in sein Müsli, füttert die Katze, isst sein Müsli, putzt wieder die Zähne, greift nach seiner Aktentasche und verlässt das Haus. Ich kann meine Uhr nach ihm stellen – der gesamte Vorgang benötigt exakt 37 Minuten.»   *Marianne S.*

«Carolin schreibt sich Listen, um sich an ihre Listen zu erinnern! Würde sie dieselbe Zeit aufwenden, etwas zu erledigen, bräuchte sie keine Liste!»

Agnes R.

«Ronald konzentriert sich so auf seinen Computer, dass er das Telefon überhört, die Kinder ignoriert, wenn sie ihn um Hilfe bei den Hausaufgaben bitten, und zu essen vergisst. Gilt der aussichtslose Wettkampf gegen einen Computer als Scheidungsgrund?»   *Heather E.*

WIE MOTIVIEREN SIE EINEN OSTEN ZUM ERFOLG?

Erzählen Sie einem OSTEN, dass irgendwo ein Fehler ist, und er wird so lange arbeiten, bis er ihn gefunden hat. Sagen Sie ihm, dass Sie seine Kompetenz und die hervorragende Qualität seiner Arbeit schätzen, und er wird sich der Vollkommenheit nähern. Erklären Sie ihm, dass Sie einen Plan benötigen, und er wird Ihnen detailliert erläutern, wie Sie Qualität zum geringsten Preis erhalten. Teilen Sie einem OSTEN mit, dass dem Mitarbeiter, der während des gesamten Jahres die besten Leistungen erbringt, eine Qualitätsauszeichnung winkt, und seine Arbeit wird Ihre Erwartungen bei weitem übertreffen.

Was einen OSTEN anspornt

- Qualität
- genaue Aufzeichnungen
- Fehlersuche
- kompetente Arbeiter
- einen Standpunkt beweisen
- Struktur
- gute Umgangsformen
- Organisation
- detaillierte Planung
- kein Zeitdruck
- traditionelle Methoden
- ernsthafte Arbeit
- Anforderungen erfüllen
- Regeln befolgen
- klare Erwartungen
- ideale Arbeitsbedingungen
- Analyse
- sich auf Sachverhalte konzentrieren
- Abgeschiedenheit
- Messinstrumente
- Zeitpläne
- das Streben nach Perfektion
- Leistungsfähigkeit
- Vollkommenheit

Was einen OSTEN ärgert

Ein OSTEN ärgert sich über alles, was er als schlechte Qualität oder unzuverlässige Information betrachtet. Er besitzt wenig Verständnis für Mittelmäßigkeit oder Inkompetenz, insbesondere wenn das eine oder andere auf Kosten der Qualität, Leistungsfähigkeit oder des Verdienstes geht. Warten Sie nicht bis zur letzten Minute, wenn Sie einem OSTEN eine Aufgabe übertragen, denn er benötigt Zeit, um nachzudenken und zu planen, ehe er in Aktion tritt. Klären Sie Sachverhalte und Details ab, ehe Sie mit einem OSTEN sprechen, und teilen Sie ihm die Information in logischer Abfolge und schrittweise mit. Lassen Sie niemals ein Detail oder einen Schritt aus, der dem OSTEN wichtig erscheinen könnte. Ihre Glaubwürdigkeit könnte erschüttert werden, und ein OSTEN benötigt mitunter viel Zeit, um Ihnen wieder zu vertrauen. Er kann einen unschätzbaren Beitrag liefern, solange er nicht durch Frustration gelähmt wird.

Was OSTEN nicht mögen

- niedrige Standards
- Veränderung
- Gleichgültigkeit gegenüber Qualität
- zweideutige Verfahren
- unklare Antworten auf Fragen
- ungenaue Informationen
- Hindernisse auf dem Weg zu Tatsachen oder der Wahrheit
- teure Abkürzungen
- unpräzise Aufzeichnungen
- Maßlosigkeit
- gedrängt zu werden
- Chaos und Lärm
- Verallgemeinerungen
- herumalbern
- wertlose Beschäftigungen
- Unzuverlässigkeit
- Inkompetenz
- Übertreibung
- mangelnde Konzentration
- Hektik

Was einen OSTEN begeistert

Ein OSTEN ist glücklich, wenn er...
- aufeinander folgende Aufgaben nacheinander erledigen kann
- ausreichend viel Zeit erhält, Begonnenes fertig zu stellen und zu überprüfen
- seine Privatsphäre, Frieden und Ruhe ohne Störungen genießen kann
- die Gelegenheit erhält, im Voraus alle Einzelheiten zu planen
- Redaktions- oder Kontrollaufgaben bekommt (um Fehler zu vermeiden)
- die Vollmacht hat, um Qualität von Produkten und Dienstleistungen zu überprüfen
- in Strukturen arbeiten kann, die Genauigkeit und Effizienz garantieren
- mit beständigen und kompetenten Menschen zusammenarbeitet
- sein Qualitätsbewusstsein zeigen kann
- die erwarteten Maßstäbe übertrifft

Ein OSTEN schätzt es...
- Daten und Ereignisse zu organisieren
- Einzelheiten und Protokolle zu planen und zu überprüfen
- Qualitätskontrollen durchzuführen
- genaue, sachliche Berichte zu liefern
- sich auf Anweisungen zu konzentrieren und Regeln zu befolgen
- Zeitpläne aufzustellen und sich an sie zu halten
- Fortschritt, Effizienz und Qualität zu messen
- alle Optionen zu analysieren, ehe er eine Entscheidung trifft
- durch logische Argumentation zu überzeugen
- in einem strukturierten Umfeld zu leben und zu arbeiten

Belohnung für einen OSTEN

Die unten angeführte Liste zeigt eine Auswahl von Dingen, die ein OSTEN als Belohnung empfindet. Sie lassen sich sowohl zu Hause als auch am Arbeitsplatz einsetzen, um die Leistung eines OSTENS zu steigern.

- Lob in Anwesenheit von Menschen, die er schätzt
- Trophäen oder Schmuck
- eine ledergebundene Agenda
- bedeutsame Bücher
- historische Dokumente oder Erbstücke
- ein Gourmetdinner für zwei
- traditionelle Kunst
- konventionelle Dichtung
- Konzert- oder Opernkarten
- eine ruhige Arbeitsumgebung
- Anerkennung für seine Kompetenz
- Auszeichnungen für gute Leistungen
- einen hochwertigen Füller oder ein Schreibset
- Worte, die seinen guten Ruf begründen
- klassische oder hochwertige Markenartikel
- erlesenes Glas oder Porzellan
- gravierte Schreibwaren
- Designeraccessoires
- leistungssteigernde Computersoftware

SO VERMEIDEN SIE ZUSAMMENSTÖSSE MIT EINEM OSTEN

Ein Zusammenstoß entsteht, wenn unterschiedliche Menschen, Ideen oder Dinge miteinander in Kontakt kommen und Spannungen oder Konflikte erzeugen. Je größer die Verschiedenheit, desto größer der Konflikt. Viele Zusammenstöße zwischen Personen werden durch das Setzen unterschiedlicher Prioritäten ausgelöst. Erinnern wir uns:

- ZIELE sind einem NORDEN von Natur aus wichtig
- TATSACHEN sind für einen OSTEN bedeutsam
- WERTE sind für einen SÜDEN essentiell
- METHODEN sind für einen WESTEN maßgeblich

Die häufigsten Konflikte beziehen sich auf das, was einem Menschen von Natur aus besonders viel bedeutet. Zwei OSTEN könnten wegen unterschiedlicher Interpretationen der Tatsachen aneinander geraten. Ein OSTEN und ein NORDEN könnten wegen einander widersprechender Tatsachen und Ziele in Streit geraten. Ein OSTEN und ein SÜDEN könnten wegen eines Konflikts zwischen Tatsachen und Werten aneinander geraten und ein OSTEN und ein WESTEN aufgrund von nicht zu vereinbarenden Tatsachen und Methoden.

Konflikte zwischen Gegensätzen

OSTEN	WESTEN
auf Tatsachen konzentriert	auf Ideen konzentriert
traditionell	innovativ
strukturiert	veränderlich
straffer Führungsstil	lockerer Führungsstil
konservativer Planer	liberal und risikobereit
analytischer Pragmatiker	kreativer Visionär
befolgt gern Regeln	meidet Regeln
gemäßigt/schrittweise	schnell/flexibel

Wie Sie Konflikte mit einem OSTEN vermeiden

- Achten Sie auf Qualität
- Hinterlassen Sie keine Unordnung
- Erledigen Sie Ihre Aufgaben korrekt
- Bleiben Sie beim Althergebrachten
- Konzentrieren Sie sich auf Einzelheiten
- Schätzen Sie seine Klugheit
- Arbeiten Sie methodisch
- Respektieren Sie seine Gewohnheiten
- Liefern Sie genaue Informationen
- Übertreiben Sie nicht
- Leisten Sie mehr als erwartet
- Beenden Sie, was Sie begonnen haben
- Denken Sie logisch
- Befolgen Sie Anweisungen
- Erfüllen Sie vorgegebene Normen
- Lassen Sie keine Verfahrensschritte aus
- Erinnern Sie sich an Vorgehensweisen
- Seien Sie diszipliniert
- Machen Sie keinen Zeitdruck
- Arbeiten Sie effizient
- Durchdenken Sie Ihr Handeln
- Sorgen Sie für Ordnung
- Klären Sie die Sachverhalte ab
- Überprüfen Sie Ihre Arbeit auf Fehler
- Liefern Sie Beweise
- Zeigen Sie Beharrlichkeit
- Achten Sie auf gute Umgangsformen
- Streben Sie nach Perfektion
- Gehen Sie analytisch vor
- Fragen Sie nach dem Warum
- Lassen Sie Kompetenz erkennen

Ratschläge für das Zusammenleben und -arbeiten mit einem OSTEN

Was Sie tun sollten

- Seien Sie einfühlsam gegenüber dem Bedürfnis des OSTENS nach Struktur
- Erkennen Sie sein Taktgefühl an
- Helfen Sie ihm, sich zu organisieren und zu konzentrieren
- Machen Sie ihm Komplimente für seine Analysefähigkeit
- Schätzen Sie seine Kompetenz
- Bestehen Sie darauf, dass er Ihre Meinung respektiert
- Gewähren Sie ihm seine Privatsphäre und drängen Sie ihn nicht zur Eile
- Wehren Sie sich gegen seine Ansprüche nach Perfektion
- Geben Sie ihm präzise Antworten
- Halten Sie mit seinen Qualitätsstandards Schritt

Geben Sie einem OSTEN, was er braucht

Professor Yashimoto war angeblich nicht zufrieden zu stellen. Die Studenten, die in der ersten Semesterwoche Arbeiten mit einem Rechtschreibfehler oder einem fehlenden Absatz abgaben, ärgerten sich über das erteilte «Ungenügend». In Scharen zogen sie in das Büro des Dekans und beschwerten sich, dass sie für Yashimotos Perfektionsbesessenheit bestraft wurden. Belustigt vernahm der Dekan am Ende des Semesters, dass sich einer dieser Studenten in seiner Abschlussrede öffentlich bei dem Professor bedankt hatte für den Anspruch, stets höchste Leistung zu fordern und von sich selbst zu erwarten.

Was Sie vermeiden sollten

- Lassen Sie es nicht zu, dass Ihnen ein OSTEN ein Unterlegenheitsgefühl vermittelt
- Erwarten Sie von ihm keinen Sinn für Humor
- Reagieren Sie auf seine Kritik nicht überempfindlich
- Gestatten Sie es ihm nicht, Ihre persönlichen Maßstäbe zu bestimmen
- Widersprechen Sie ihm nicht öffentlich
- Beschweren Sie sich nicht bei ihm über die Kosten für Qualität
- Zeigen Sie keine Gleichgültigkeit gegenüber Einzelheiten
- Streiten Sie nicht mit ihm – überzeugen Sie ihn durch logische Argumentation
- Nehmen Sie sich Zeit für sorgfältiges Arbeiten
- Fragen Sie nicht, warum Pläne befolgt werden müssen

Haben Sie keine Angst, den Anforderungen nicht zu genügen

Alex konnte sich nicht daran erinnern, dass sein Vater auch nur ein einziges Mal gesagt hätte: «Mein Sohn, ich bin wirklich stolz auf dich.» Es schien, als sei Alex nie klug, gewitzt, schnell, diszipliniert und nie ehrgeizig genug, um die Anerkennung seines Vaters zu verdienen. Zu einem bestimmten Zeitpunkt während seiner Collegeausbildung beschloss Alex, nunmehr sein Bestes zu geben und sich nicht mehr an den Normen und Erwartungen seines Vaters zu orientieren. Vierzig Jahre später war er erstaunt, als sein Vater auf dem Sterbebett endlich die Worte sagte, nach denen er sich sein ganzes Leben lang gesehnt hatte: «Mein Sohn, ich war immer stolz auf dich. Ich kritisierte deine Schwächen, damit du wachsen konntest, denn deine Vorzüge waren immer vortrefflich.»

Die besten Chancen für eine Übereinstimmung mit einem OSTEN

Ehepartner, Kinder, Freunde, Vorgesetzte und Mitarbeiter von OSTEN, aufgepasst! Ein Übereinstimmungstest wird Ihnen helfen herauszufinden, wer sich am besten mit einem OSTEN verträgt. Die auf dem Persönlichkeits-Kompass an den OSTEN grenzenden Persönlichkeitstypen (NORDEN und SÜDEN) besitzen die besten Voraussetzungen für eine Übereinstimmung mit einem OSTEN. Der höchste Grad an Verträglichkeit tritt üblicherweise dann auf, wenn sowohl die dominante als auch die subdominante Wesensart auf dem Kompass direkt an den OSTEN angrenzen.

Verträglichkeit

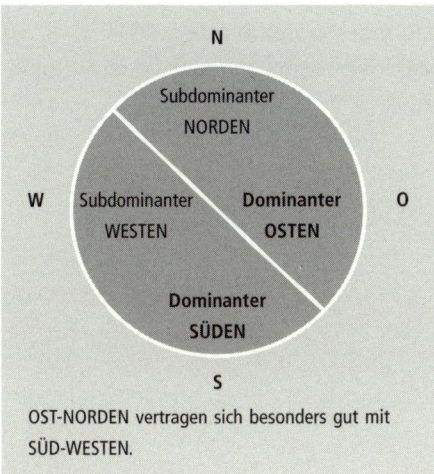

OST-NORDEN vertragen sich besonders gut mit SÜD-WESTEN.

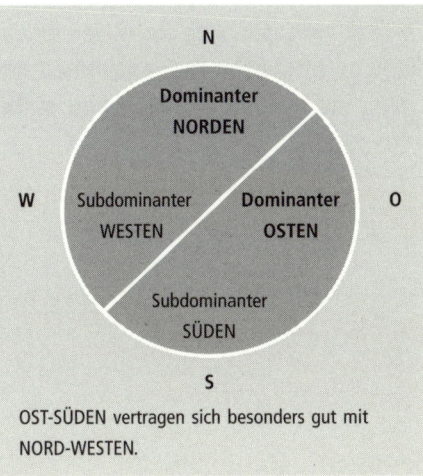

OST-SÜDEN vertragen sich besonders gut mit NORD-WESTEN.

Profitieren Sie von Ihrer Übereinstimmung mit einem OSTEN

1. OST-NORDEN und SÜD-WESTEN ergänzen einander, wobei sich ihre Eigenschaften und Fähigkeiten so verbinden, dass ausgewogene Einzelpersonen und Teams entstehen.
2. OST-SÜDEN und NORD-WESTEN arbeiten ebenfalls produktiv zusammen, da sich ihre Wesenszüge unterscheiden, aber einander nicht widersprechen.

OSTEN vertragen sich im Allgemeinen schlecht mit dominanten WESTEN, da sich ihre Wesenszüge widersprechen und sie wenig Gemeinsamkeiten aufweisen – außer es handelt sich um sehr ausgeglichene Personen.

OSTEN vertragen sich im Allgemeinen mit anderen dominanten OSTEN, da sie ähnliche Interessen und Qualitäten besitzen. Sie benötigen aber andere Grundtypen, um ihr volles Potential zu entfalten.

Tipps für OSTEN zu einem besseren Zusammenleben mit anderen

Kreuzen Sie das jeweilige Kästchen an, sobald Sie diese Fähigkeit erworben haben.

☐ Werden Sie ein wenig lockerer
☐ Vergessen Sie die Bäume und sehen Sie den Wald
☐ Seien Sie gegenüber innovativen Ideen toleranter
☐ Vermeiden Sie es, verschlossen und geheimniskrämerisch zu sein
☐ Seien Sie anderen gegenüber weniger kritisch
☐ Analysieren Sie die Dinge nicht zu Tode
☐ Genießen Sie Veränderung und Spontaneität
☐ Widerstehen Sie der Versuchung, andere öffentlich zu korrigieren
☐ Erkennen Sie an, dass Ihr Einspruch als Streitlust aufgefasst werden kann
☐ Verzichten Sie auf Perfektionismus
☐ Erkennen Sie an, dass kleinste Einzelheiten langweilig und unwichtig sein können
☐ Bitten Sie um Hilfe, ohne sich deshalb unfähig zu fühlen
☐ Probieren Sie hin und wieder etwas Neues aus
☐ Drücken Sie Ihre Gefühle aus
☐ Lassen Sie gelegentlich Ihren Schutzschild fallen
☐ Sorgen Sie sich nicht so sehr
☐ Werden Sie flexibler
☐ Krempeln Sie Ihre Ärmel hoch und machen Sie sich schmutzig
☐ Achten Sie unkonventionelle Methoden, etwas zu erledigen

- ☐ Grübeln Sie nicht so viel
- ☐ Rümpfen Sie nicht die Nase über Dinge, die nicht zum Feinsten gehören
- ☐ Setzen Sie realistische Erwartungen in sich und andere
- ☐ Verzeihen Sie sich und anderen, dass keiner perfekt ist
- ☐ Vermitteln Sie anderen nicht das Gefühl, unterlegen zu sein
- ☐ Bekämpfen Sie Ihre Neigung, eindimensional zu denken
- ☐ Üben Sie ein warmherziges Lächeln
- ☐ Entwickeln Sie Humor
- ☐ Nehmen Sie sich nicht so wichtig
- ☐ Lassen Sie auch andere Sichtweisen gelten
- ☐ Weichen Sie von der Routine ab
- ☐ Erlauben Sie sich kreatives Handeln
- ☐ Gehen Sie Risiken ein

Hier ist Achtsamkeit geboten!

Wenn Sie der Mangel an Organisation, Ordentlichkeit, Genauigkeit oder Qualität bei einem anderen Menschen stört und Sie Ihre Kritikfreude spüren, halten Sie inne! Viele OSTEN glauben, ihren Mitmenschen durch Kritik zu helfen, ihr Leben zu verbessern. Diese Vorgehensweise wird jedoch meistens von anderen Menschen nicht geschätzt.

DER RICHTIGE BERUF FÜR EINEN OSTEN

Geeignete Berufe und Tätigkeiten für einen OSTEN

- Richter
- Rechtsanwalt
- Chirurg
- Ingenieur
- Redakteur
- Qualitätsprüfer
- Forscher
- Rechnungsprüfer
- Programmierer
- Finanzbeamter
- Stadtplaner
- Statistiker
- Hightechverkäufer
- Sekretär
- Museumsdirektor

Zur Erinnerung

Sie benötigen einen OSTEN am Arbeitsplatz, wenn Sie …

- auf Genauigkeit, Detailkenntnis und Spitzenqualität Wert legen
- einen Standpunkt auf analytische Weise darlegen müssen
- nach einem Mitarbeiter suchen, der Anforderungen genauestens erfüllt
- Fehler suchen oder die Ursache für ein Geschehnis herausfinden wollen
- jemanden suchen, der stundenlang allein langwierige Arbeitsvorgänge abwickeln kann

Feinabstimmung für den Beruf

Manfred ist ein dominanter OSTEN und subdominanter NORDEN. Er eignet sich gut als Rechtsanwalt, weil er es genießt, das Gesetz buchstabengetreu zu befolgen. Zudem kann er logisch denken und hat Mut und Selbstvertrauen, um vor Zuschauern eine gute Leistung zu erbringen.

Laura ist ein dominanter OSTEN und ein subdominanter SÜDEN. Sie eignet sich gut als Stadtplanerin, da sie es genießt, Dinge im Detail zu planen, und dank ihrer analytischen Fähigkeiten ihre Gedanken durch computerunterstützte Zeichenprogramme ausdrücken kann. Zudem erkennt sie mithilfe ihres Einfühlungsvermögens, was die Menschen in den Städten der Zukunft benötigen werden.

Jobs für OST-NORDEN
- Richter – strukturiert (O), energisch (N)
- Chirurg – konzentriert (O), vertrauenswürdig (N)
- Ingenieur – analytisch (O), entschlossen (N)
- Qualitätsprüfer – qualitätsbewusst (O), initiativ (N)

Jobs für OST-SÜDEN
- Redakteur – detailorientiert (O), geduldig (S)
- Stadtplaner – ausgeprägtes Planungstalent (O), prozessorientiert (S)
- Sekretär – ordentlich (O), freundlich (S)
- Museumsdirektor – verantwortungsbewusst (O), gelassen (S)

Wieso sich OSTEN hervorragend als Angestellte eignen

Einen OSTEN zu nötigen, seine Maßstäbe zu senken, oder ihn davon abzuhalten, stets sein Bestes zu geben, wäre ein verlorener Kampf. Ebenso wäre es ein Fehler, sein haushälterisches, effizientes Wesen und seine Fähigkeit, alles bis ins kleinste Detail zu planen, ungenützt zu lassen. Denn er kann Probleme vorhersagen, noch ehe sie eintreten, und Systeme entwickeln, die bedeutende Geldsummen einsparen. Ein OSTEN wird in der Regel nicht an einem Arbeitsplatz bleiben, an dem ineffizient, nachlässig oder inkompetent gearbeitet wird.

OSTEN setzen sich in Debatten durch

Julian hörte den anderen Kandidaten zu und merkte sich Fehler in ihrer Argumentation. Als er schließlich an die Reihe kam, widerlegte er ihre Begründungen mit seiner präzisen Logik Schritt für Schritt. Da Julian seine Glaubwürdigkeit durch Argumente und Darlegung der Sachverhalte festigte, konnte er die Zuhörerschaft in seinen Bann ziehen. Als er zwei Wochen später seine Siegesparty feierte, erklärten viele Wähler, dass er ihre Sichtweise durch die während der Fernsehdebatte gezeigte Kompetenz und Sachkundigkeit verändert hätte.

OSTEN analysieren gern

Der Leistungsexperte Walter reiste von Betrieb zu Betrieb, um Unternehmen auf Bereiche zu prüfen, in denen sich Leistungsschwächen abzeichneten. Seine Aufgabe bestand darin, die Effizienz zu steigern, Kosten zu senken und dadurch den Gesamtgewinn zu erhöhen. Es gefiel ihm, jede Abteilung zu analysieren und die ineffizienten Vorgänge herauszufiltern. Wenn Sparmaßnahmen empfohlen werden mussten, konnte er absolut objektiv urteilen. Walter analysierte jede mögliche Option und traf seine Entscheidungen nur auf der Grundlage von Tatsachen.

Ein OSTEN vermeidet Fehler

Karl, ein wissenschaftlicher Forscher in einem großen medizinischen Labor, befestigte die nachstehende Checkliste über seinem Schreibtisch und befolgte sie buchstabengetreu, um Fehler zu minimieren, die zu falschen Daten führen könnten.

- beobachten
- Beobachtung überprüfen
- Ergebnisse aufzeichnen
- erneut nachprüfen
- Ergebnisse aufzeichnen
- über die Ergebnisse nachdenken
- aus den Ergebnissen Schlussfolgerungen ziehen
- mögliche Schwachstellen in den Schlussfolgerungen analysieren
- Test erneut durchführen, um Schlussfolgerungen zu überprüfen
- beweisbare Schlussfolgerungen aufzeichnen

Ein OSTEN kann Verantwortung übernehmen

Die Stelle des Sekretärs des Vorstandsdirektors zu besetzen war nicht einfach. Dutzende von Männern und Frauen hatten sich beworben. Der/die Neue musste die Organisation seines Tagesablaufes übernehmen, das Büro mit äußerster Perfektion führen und die Daten beschaffen, die er möglicherweise von einem Moment zum anderen brauchte. Dann tauchte Tania auf. Als Karl während des Gesprächs eines Notfalls wegen fortgerufen wurde, beantwortete Tania ein Telefongespräch, das niemand für ihn angenommen hatte, und notierte den Namen des Anrufers, seine Telefonnummer und den Grund für den Anruf. Nachdem weitere 15 Minuten vergangen waren, verließ sie sein Büro und fragte die Rezeptionistin, ob sie nicht vor seinem Büro auf seine Rückkehr warten solle. Sie bewies nicht nur Kompetenz und Leistungsstärke, sondern auch angemessene Umgangsformen.

Die drei wichtigsten Fragen und Antworten, wenn Sie einen OSTEN für einen OSTEN-Job einstellen wollen

1.   «Erzählen Sie von sich.»

Ein OSTEN spricht im Allgemeinen gerne über die Qualität seiner Arbeit und könnte daher Folgendes erwähnen:

- messbare Leistungsnormen, die er erfüllt oder übertroffen hat
- detaillierte Berichte über bisherige Aufgaben
- komplizierte Einzelheiten seiner bisherigen Tätigkeit
- wertvolle Fähigkeiten, die er besitzt
- von ihm geplante und durchgeführte, qualitativ hochwertige Aufgaben oder Projekte
- von ihm eingeführte Systeme zur Leistungssteigerung
- Diplome oder Zertifikate, die seiner Aussage Glaubwürdigkeit verleihen
- Fachleute, die er auf diesem Gebiet kennt

2.   «Was interessiert Sie an unserem Unternehmen (oder dem ausgeschriebenen Job)?»

Das Interesse eines OSTENS wird häufig durch Folgendes geweckt:

- Qualitätsprodukte oder -dienstleistungen
- eine strukturierte, wohl organisierte Arbeitsumgebung
- Arbeitsabläufe, die Präzision erfordern
- die Gelegenheit, seine Fachkenntnis unter Beweis zu stellen
- Zusammenarbeit mit kompetenten Menschen
- leistungsstarke Systeme
- Ansehen und Aufrichtigkeit
- ein durch Leistung und hohe Standards erworbener guter Ruf

3. «Warum sollten wir Sie einstellen?»

Ein OSTEN beschreibt seine Stärken im Beruf häufig folgendermaßen:

- Er erfüllt höchste Qualitätsansprüche
- Er überprüft seine Arbeit auf ihre Korrektheit
- Er ist kompetent, fleißig und zuverlässig
- Er besitzt Geduld für langwierige und sich wiederholende Aufgaben
- Er kann analytisch denken
- Er verfolgt eine Aufgabe bis zur Fertigstellung
- Er plant alles bis ins letzte Detail und setzt seinen Plan entsprechend um
- Er liefert Qualitätsarbeit und gibt stets sein Bestes

SO SETZEN SIE DEN PERSÖNLICHKEITS-KOMPASS EIN, WENN SIE EIN OSTEN SIND

(dominant oder subdominant)

Der Persönlichkeits-Kompass ist ein Werkzeug, das die Komplexität des menschlichen Verhaltens vereinfacht, damit Sie sich und die Menschen in Ihrer Umgebung besser verstehen. Zudem bietet er praktische Übungen zur Verbesserung Ihrer persönlichen Fähigkeiten. Die Übungen können gut ins tägliche Leben integriert werden. Sie können dieses Handbuch für drei spezifische Ziele einsetzen.

Nutzen Sie den Persönlichkeits-Kompass, um Ergebnisse zu erzielen
- Entwickeln Sie in sich ein gut ausgewogenes Gleichgewicht von Eigenschaften und Fähigkeiten zur Steigerung Ihrer Selbstachtung.
- Wenn Sie sich in einen Gesprächspartner verwandeln, der andere tatsächlich wahrnimmt, bereichern Sie Ihre privaten und beruflichen Beziehungen.
- Erweitern und vertiefen Sie Ihre Fähigkeiten und vergrößern Sie so Ihren Erfolg am Arbeitsplatz und im Privatleben.

Nutzen Sie den Kompass, um Ihre OST-Eigenschaften zu verbessern

Was Sie als OSTEN tun müssen

Ein OSTEN muss lernen, wie ein WESTEN zu denken und zu handeln:
- um sein inneres Gleichgewicht zu finden
- im Gespräch mit einem WESTEN
- in Situationen, Jobs und Aufgaben, die die Eigenschaften und Fähigkeiten eines WESTENS erfordern

Ein OSTEN muss wissen, welchen Nutzen es ihm bringt, wie ein WESTEN zu denken und zu handeln:
- Sie werden mit anderen Menschen entspannter umgehen können
- Sie werden flexibler und anpassungsfähiger
- Sie werden ausgeglichener
- Sie werden lernen, Ihre Schwächen zu schätzen
- Sie werden Ihre Bequemlichkeit überwinden und wachsen
- Sie werden an Selbstachtung und Macht gewinnen

Denken Sie über die Wesenszüge eines WESTENS nach:
- Ein WESTEN ist freigeistig und flexibel
- Er ist sorglos, offen und kreativ
- Er genießt es, mit mehreren Aufgaben gleichzeitig zu jonglieren
- Er liebt Risiken und innovative Ideen
- Er vermeidet Routine und unwichtige Details
- Er liebt Vergnügen und Abenteuer

Wie ein OSTEN lernt, in der Art eines WESTENS zu handeln

1. Schritt Lesen Sie Kapitel 6 dieses Buches aufmerksam durch.

2. Schritt Denken Sie an Ihnen bekannte WESTEN und fragen Sie sich, was diese sagen oder tun würden.

3. Schritt Bemühen Sie sich wie ein dominanter WESTEN zu denken und zu handeln.

4. Schritt Überwinden Sie sich dazu, die Welt und die Menschen, die Ihnen begegnen, aus der Sichtweise eines WESTENS zu betrachten.

5. Schritt Üben Sie! Das Verhalten und die Fähigkeiten eines WESTENS sind erlernbar.

6. Schritt Fangen Sie jetzt an und folgen Sie den unten stehenden Richtlinien.

Lernen Sie Schritt für Schritt, wie ein WESTEN zu handeln

Kreuzen Sie die Kästchen vor jenen Verhaltensweisen an, die Sie stärken wollen, und üben Sie sie.

☐ Kleiden Sie sich salopp oder mit künstlerischem Flair
☐ Entspannen Sie sich, genießen Sie jeden Augenblick, seien Sie humorvoll
☐ Tun Sie zumindest einmal pro Woche etwas, das Sie noch nie getan haben
☐ Vergessen Sie die Worte «Nein» und «Warum?»
☐ Entwickeln Sie eine «Alles ist möglich»-Mentalität
☐ Entwickeln Sie Spontaneität und einen freien Geist
☐ Lernen Sie zu träumen und setzen Sie Ihre Träume um
☐ Führen Sie Veränderungen herbei nur aus Freude über die Veränderung
☐ Erfreuen Sie sich täglich Ihres Lebens
☐ Lassen Sie Ihr Sicherheitsnetz los und gehen Sie Risiken ein
☐ Bewegen Sie sich mit Schwung und verbreiten Sie Begeisterung
☐ Erforschen Sie neue Ideen und Methoden
☐ Erweitern Sie Ihren Horizont
☐ Lehnen Sie sich auf gegen den Status quo
☐ Versuchen Sie Neues ohne Angst vor Fehlern oder Versagen

Bestimmen Sie selbst, was Sie brauchen

Bewertungsformular für einen OSTEN

Nehmen Sie die vorangehenden Seiten als Richtlinie und listen Sie die Verhaltensweisen auf, die Sie zuerst entwickeln wollen.

- *Spontaneität* _____
- _____
- _____
- _____

Führen Sie unten die Strategie an, mit der Sie jeden der obigen Punkte erreichen wollen.

- *Mir zutrauen, mit dem Strom zu schwimmen* _____
- _____
- _____
- _____

Überlegen Sie sich einen WESTEN, den Sie bewundern, und notieren Sie vier seiner Eigenschaften, die Sie gerne hätten oder brauchen.

Name: _____

- _____
- _____
- _____
- _____

Werden Sie, was Sie nicht sind

Übersicht über die Fortschritte eines OSTENS

Notieren Sie die Verbesserungen in Ihrem Verhalten in dem folgenden Formular.
Geben Sie den derzeitigen Status mit einem Kreuz (X) an.

Von mir verstärkte Verhaltensweisen	Verbesserung nach einer Woche	Verbesserung nach einem Monat
typische WEST-Menschen beobachtet	☐	☐
Begeisterung gezeigt	☐	☐
die Regeln übertreten	☐	☐
Gedanken diskutiert	☐	☐
Aufgeschlossenheit entwickelt	☐	☐
gesagt, dass ich es versuchen werde	☐	☐
Humor bewiesen	☐	☐
aufgehört, an anderen herumzunörgeln	☐	☐
neue Methoden akzeptiert	☐	☐
gelassener geworden	☐	☐
zu phantasieren gewagt	☐	☐
den Augenblick genossen	☐	☐
abenteuerlich gehandelt	☐	☐
ein Wagnis auf mich genommen	☐	☐
Kritik unterlassen	☐	☐
Anpassungsfähigkeit gezeigt	☐	☐
Perfektionismus aufgegeben	☐	☐
Weitblick entwickelt	☐	☐

	in einer Woche eingesetzt	in einem Monat eingesetzt
weniger gearbeitet	☐	☐
aufgehört, mich zu sorgen	☐	☐
ein wenig (oder viel!) gelacht	☐	☐
Hemmungen abgelegt	☐	☐
improvisiert	☐	☐

Eingesetzte Mittel

	in einer Woche eingesetzt	in einem Monat eingesetzt
mich mit einem WESTEN beraten	☐	☐
über WESTEN gelesen	☐	☐
viele WESTEN beobachtet	☐	☐
WESTEN zu schätzen gelernt	☐	☐
geübt, mich wie ein WESTEN zu verhalten	☐	☐

Wie Sie den Persönlichkeits-Kompass verwenden, um Beziehungen zu OSTEN zu verbessern

Lernen Sie, den «blinden Fleck» des OSTENS zu verstehen

Wahrnehmungsübung: Stellen Sie sich hin, halten Sie Ihren Kopf ruhig und blicken Sie geradeaus. Bewegen Sie Ihre Augen so weit wie möglich nach links und rechts und beobachten Sie, was in Ihrem Blickfeld liegt. Was sich außerhalb Ihres Blickfelds befindet, ist vorhanden, aber Sie können es nicht sehen.

Auch die menschliche Natur besitzt «blinde Flecken». Sie können bei anderen Dinge erkennen, die diese Menschen an sich selbst nicht wahrnehmen – und andere können bei Ihnen etwas erkennen, das Sie nicht sehen. Der weitverbreitetste «blinde Fleck» eines OSTENS, der ihm und anderen Probleme verursachen kann, ist die Tatsache, dass hohe Erwartungen für ihn oberste Priorität besitzen. OSTEN sehen sich selbst nicht als Perfektionisten, sind es jedoch im tiefsten Inneren ihres Wesens.

Die Standards eines OSTENS können einer Beziehung schaden

Sarah war betroffen, als die Lehrerin ihres Sohnes und er selbst sie in einem Gespräch baten, nicht mehr so viel Druck zu machen, damit er die besten Noten erzielte. Erkannten die Lehrer heutzutage nicht, dass bereits im Gymnasium ein starker Wettbewerb herrschte und dass keine erstklassige Universität Richard annehmen würde, wenn er mit seiner Abschlussnote nicht in der Spitzengruppe seiner Klasse läge? Wie konnte ein Lehrer so einfältig sein? Und was wusste diese Lehrkraft von Richards Wünschen und Ängsten? Sie kannte ihn erst einige Monate. Ihr Sohn konnte sich doch unmöglich vor seiner eigenen Mutter fürchten. Seine schwachen Nerven waren vermutlich das Ergebnis der Beziehung zu seiner neurotischen Freundin und hatten nichts mit den Bemühungen seiner Mutter zu tun, die ihn lediglich dabei unterstützte, im Leben erfolgreich zu sein.

Wahrnehmung – die Ursache der meisten Probleme
Richards Wahrnehmung

- Richard will dem Wunsch seiner Mutter entsprechen und in der Schule gute Leistungen erbringen. Wie sehr er sich aber auch bemüht, es gelingt ihm nicht, ausschließlich Einsen zu bekommen. Daher betrachtet er sich als Versager.
- Richard versteht, dass es wichtig ist, in der Schule gute Noten zu haben. Aber es kümmert ihn nicht, ob er an einer Spitzenuniversität angenommen wird – das ist lediglich die Erwartung seiner Mutter.
- Richard liebt seine Mutter und würde ihre Hoffnungen gerne erfüllen, aber seine Bemühungen verursachen gesundheitliche Probleme (die Schulärztin vermutet ein Magengeschwür). Er fühlt sich unter Druck gesetzt.

Sarahs Wahrnehmung

- Sarah liebt Richard und möchte, dass ihm alle Möglichkeiten offen stehen, die sie selbst aufgegeben hat, als sie jung und ohne abgeschlossene Ausbildung heiratete.
- Sarah weiß, dass Richard die Schule schwer fällt. Aber sie ist davon überzeugt, dass er ihr eines Tages dankbar sein wird dafür, dass sie ihn antrieb, hart zu arbeiten.
- Sarah geht davon aus, dass die besten Schulen die besten Möglichkeiten für die besten Jobs bieten. Wenn Richard also Einsen braucht, um ein Stipendium zu erhalten, muss dieser Preis bezahlt werden.

Lösungen: Geben und Nehmen

- Ein Kompromiss steht im Zentrum jeder Problemlösung.
- Richard und Sarah müssen einander ihre Gefühle und Wünsche mitteilen und aushandeln, was sie voneinander anzunehmen bereit sind.
- Richard sollte vorsichtig darauf hinweisen, wie sich die Tatsache, dass Sarah von ihm eine perfekte Leistung erwartet, negativ auf ihn auswirkt.
- Sarah sollte es Richard zugestehen, seine eigenen Gefühle und Ziele darzulegen. Sie sollte seine Fähigkeiten und Mängel realistisch einschätzen und die Meinung von Richards Lehrern anerkennen.
- Richard und Sarah sollten Einigkeit über die von beiden annehmbaren Zensuren und Erwartungen erzielen. Diese befreit den Jungen von übermäßigem Druck, ermöglicht ihm jedoch die Aufnahme an eine Universität.

FRAGEN UND ANTWORTEN
ZUR PERSÖNLICHKEIT DES OSTENS

Warum ärgert sich so mancher OSTEN über triviale Dinge wie schmutzige Teller in der Spüle oder ein paar Rechtschreibfehler in einem Brief?

Ein von Natur aus ordentlicher OSTEN betrachtet dies nicht als Kleinigkeiten. Für ihn macht es eben Sinn aufzuräumen und die korrekte Schreibweise eines Wortes nachzuschlagen. Seiner Ansicht nach kostet es weniger Energie, etwas beim ersten Mal richtig zu tun, als es nur halbwegs zufrieden stellend zu erledigen oder neu beginnen zu müssen. Ein OSTEN fühlt sich in einer unordentlichen Umgebung nicht wohl, und Fehler leuchten in seinem Kopf auf wie Neonschilder. Bedenken Sie, dass ein OSTEN seine Natur nicht verleugnen kann, aber er kann und sollte lernen, «nach WESTEN zu gehen», wenn seine Eigenschaften für ihn und andere hinderlich sind, die Produktivität einschränken und Zeit rauben.

Warum gibt ein OSTEN anderen mitunter das Gefühl, unterlegen zu sein? Und warum kritisiert er die Vorgehensweise anderer auf so verletzende Weise?

Die meisten OSTEN haben nicht die Absicht, in anderen Minderwertigkeitsgefühle hervorzurufen. Sie üben auch nicht vorsätzlich Kritik. Da sich ihr analytisch geschultes Denken darauf konzentriert, auf effizienteste Weise Qualität zu erzielen, und ihr Verstand Vorgänge in aufeinander folgende Schritte teilt, von denen jeder Einzelne mit bestem Ergebnis erledigt werden muss, glauben die meisten OSTEN, hilfreich zu sein, wenn sie unaufgefordert einen Ratschlag erteilen. Ein Nicht-OSTEN, der diese Sichtweise nicht unbedingt teilt, kann die Hinweise jedoch nicht immer schätzen.

Warum verbeißt sich so mancher OSTEN wie ein Bullterrier in einen Streit und lässt nicht los, obwohl die ganze Geschichte eigentlich längst geklärt ist?

Der analytisch geschulte Verstand eines OSTENS gleicht einem Computer, bei dem ein Programmpunkt nach dem anderen in einer bestimmten Abfolge und einzeln auftaucht, um seine Argumentation zu unterstützen. Ein OSTEN beabsichtigt nicht, sich wie ein Gegner zu verhalten, aber er hat vielfach Mühe festzustellen, wann er seine Meinung ausreichend dargelegt hat. Im Extremfall vertieft er sich so sehr in die Details des Argumentationsprozesses, dass er nicht aufhören kann, selbst wenn die Situation dies erfordert. Manchmal scheint sein Verstand einem Autopiloten zu gleichen, dessen Programm, ungeachtet der Umstände, den vorgegebenen Kurs abfahren muss. Ausgeglichenere OSTEN lernen, ihre Argumentation zu einem beeindruckenden Höhepunkt zu bringen und dann, wenn sie vorne liegen, aufzuhören.

DAS WESEN DES SÜDENS

DIE EINZIGARTIGKEIT DES SÜDENS

Typischer SÜDEN

- Teamspieler, fröhlich
- freundlich, beliebt
- ruhig, gemächlich
- guter Zuhörer, einfühlsam
- friedliebend, herzlich
- hilfsbereit, gastfreundlich
- fürsorglich
- verständnisvoll, geduldig
- großzügig, freigebig
- prozessorientiert

Extremer SÜDEN

- abhängig, scheu
- zögerlich, gleichgültig
- vage, nachgiebig
- klagt und jammert häufig
- unsicher, ängstlich
- leicht verletzt, zurückgezogen
- märtyrerhaft, empfindlich
- übereifrig, allen zu gefallen
- schnell eingeschüchtert
- besitzergreifend

Der SÜDEN auf einen Blick

«SÜDEN sind gefühlvoll»
- **Motto:** Der SÜDEN bildet die besten Teams
- **Symbol:** Sonnenschein
- **Größte Stärke:** Teamfähigkeit
- **Grundlegende Schwäche:** Unentschlossenheit
- **Grundlegende Begabung:** Harmoniestreben
- **Priorität:** Werte
- **Motivation:** Hilfsbereitschaft
- **Größtes Ärgernis:** Konflikte
- **Arbeits- und Spielstil:** fühlt sich wohl in einer Gruppe
- **Größte berufliche Fähigkeit:** ein Team bilden
- **Gangart:** langsam und ruhig
- **Persönlichkeitsbild:** mitfühlend

Ein typischer SÜDEN

Papst Johannes Paul II. wird auf seinen Reisen durch verschiedene Länder rund um den Globus häufig als Pilger des Friedens bezeichnet, der das Verständnis der Menschen untereinander stärkt und für viele eine Quelle der Inspiration ist. Er spornt die Menschen an, die Werte des Guten, der Gerechtigkeit, der Tugend und der Freiheit und der Friedfertigkeit in sich zu stärken, wobei er selbst große Mühen auf sich nimmt, um Frieden in die Welt zu tragen.

Zehn Stärken des SÜDENS

Ein typischer SÜDEN kann folgende Eigenschaften aufweisen:
1. Teamfähigkeit
2. Friedfertigkeit
3. Gerechtigkeitssinn
4. Hilfsbereitschaft
5. freiwilliger Einsatz
6. Diplomatie
7. Geduld
8. Loyalität
9. Selbstlosigkeit
10. Einfühlungsvermögen

Ein SÜDEN kann sich Zeit nehmen

Michael ist Direktor der Abteilung Gesundheit und Entwicklung innerhalb eines großen Werkzeug- und Gussteileherstellers. Seine dreißigjährige Tätigkeit bei demselben Unternehmen spiegelt seine Loyalität und sein Bedürfnis nach Sicherheit wider. Er ist beliebt, und nahezu alle dreihundert Mitarbeiter seines Werks kennen ihn persönlich. Der Hauptgrund hierfür ist, dass er sich Zeit nimmt und zuhört, sich nach den Menschen und ihren Familien erkundigt, Hilfe anbietet, wo es ihm möglich ist, und Mitgefühl zeigt. Zudem genießt er es, mit Menschen zusammen zu sein, und zeigt seine Wertschätzung durch die Zeit, die er ihnen widmet. «Ich mag alle Menschen», erklärt er.

SÜDEN in Teams

Wie SÜDEN ein Team anspornen

Die meisten SÜDEN helfen einem Team, indem sie:

- seine Geschlossenheit stärken
- die einzelnen Spieler zur Zusammenarbeit motivieren
- die Loyalität jedes Einzelnen und des Teams erhöhen
- die Zusammenarbeit im Team steigern
- den Teamgeist weiterentwickeln
- die Unsicherheit des Einzelnen in Teamstärke wandeln
- die positive Haltung eines Teams stärken
- das Team anspornen, an den Erfolg zu glauben
- den Wert des Menschen über alles Übrige setzen
- das Team zum Sieg führen

Wann die Führungsqualitäten des SÜDENS am besten zum Tragen kommen

Der demokratische Führungsstil des SÜDENS zeigt die stärkste Wirkung, wenn:

- unselbständige oder unerfahrene Einzelpersonen oder Teams eine eigene Entscheidung treffen müssen;
- gestandene Einzelpersonen oder Teams jemanden benötigen, der sich alle Meinungen anhört.

Zehn Nachteile eines SÜDENS

Extreme SÜDEN können folgende Eigenschaften aufweisen:

1. Unentschlossenheit
2. Abhängigkeit
3. Unsicherheit
4. Langsamkeit
5. Angst
6. mangelnde Zielausrichtung
7. Überempfindlichkeit
8. Selbstmitleid
9. Neigung zu Ausflüchten
10. Neigung zu Klagen

Ein SÜDEN kann dazu neigen, die Schuld auf sich zu nehmen

An einem schlechten Tag betrachtet ihr Chef Mary als eine unsichere Verkäuferin, die wenig Entschlossenheit ausstrahlt und zu viel Zeit im Gespräch mit den Kunden vergeudet, die Regale nicht rasch genug wieder ordnet, zu lange Pausen einlegt und andere Mitarbeiter bittet, ihre Verkäufe in den neuen Computer einzugeben. Ihre Freundin aus einer anderen Abteilung meint: «Mary verkauft mehr als jede andere in der Abteilung, weil die Menschen sie mögen. Sie ist stets freundlich und hilfsbereit. Ich wünschte, sie würde sich stärker für sich selbst einsetzen und aufhören, für alles, was nicht klappt, die Schuld auf sich zu nehmen.»

Vom Problem zur Lösung

- *Unentschlossenheit* und *Abhängigkeit* des SÜDENS können mitunter dazu beitragen, Fehler und Verstöße gegen das Protokoll zu vermeiden. Wenn ein SÜDEN nicht eindeutig weiß, wie er handeln soll, findet er häufig Zustimmung, wenn er sich mit dem Verantwortlichen berät, statt Fehler zu begehen.
- *Unsicherheit* und *Langsamkeit* des SÜDENS können hohe Qualität bedingen. Ein SÜDEN will es gerne allen recht machen und kann in seinem Bemühen, Zustimmung zu erhalten, einer Aufgabe viel Zeit und Aufmerksamkeit widmen, um sie so gut als möglich zu erledigen.
- *Angst* und *mangelnde Bestimmtheit* des SÜDENS können sich in Vorsichtsmaßnahmen äußern, die die Sicherheit erhöhen. In gefährlichen oder beängstigenden Situationen kann ein SÜDEN eine Katastrophe verhindern, indem er zögert und abwartet.
- *Überempfindlichkeit* und *Selbstmitleid* des SÜDENS können anderen helfen, mehr Rücksicht auf ihre Mitmenschen zu nehmen, und dadurch die Kommunikation und die Beziehungen verbessern. Wenn einer Aufgabe mehr Bedeutung zukommt als den beteiligten Menschen, besitzt ein SÜDEN die Gabe, andere auf die Auswirkungen ihres Verhaltens hinzuweisen, denn er kann seine Verletztheit kaum verbergen.
- *Ausflüchte* und *Klagen* des SÜDENS können mitunter das Bewusstsein für Hindernisse auf dem Weg zum Ziel steigern. Wenn sich ein SÜDEN über Probleme beschwert, zwingt er andere, Lösungsmöglichkeiten zu suchen und Hürden zu nehmen.

DIE UNTERSCHIEDE ZWISCHEN SÜD-OSTEN UND SÜD-WESTEN

Die Parallele, die der Persönlichkeits-Kompass zwischen den Kulturen des Nordens, Ostens, Südens und Westens und den vier Grundtypen aufzeigt, erleichtert es Ihnen, die Eigenschaften und Fähigkeiten von Menschen innerhalb ihrer dominanten «Himmelsrichtung» zu bestimmen. SÜDEN besitzen Eigenschaften, die den Menschen südlicher Kulturen ähneln. Wenn wir zusätzlich ihre subdominante Wesensart feststellen, die sich auf dem Persönlichkeits-Kompass direkt neben der dominanten befindet, können wir noch mehr über sie erfahren.

Rolf und Lisa: Übereinstimmungen und Unterschiede
Lisa verfügt über Eigenschaften, die mit südlichen Kulturen übereinstimmen, gefolgt von Merkmalen, die sie mit östlichen teilt. Sie ist ein dominanter SÜDEN und subdominanter OSTEN. Lisa und Rolf – dominanter SÜDEN und subdominanter WESTEN – weisen viele Übereinstimmungen auf, da sie beide SÜD-Eigenschaften besitzen. Dennoch unterscheiden sie sich in vielerlei Hinsicht aufgrund ihrer gegensätzlichen subdominanten Natur.

Nun wissen wir, dass das dominante und subdominante Wesen einerseits einen bedeutenden Einfluss auf die Art der Aufgaben ausüben kann, die einen Menschen anziehen, und andererseits auf die erforderlichen Fähigkeiten, um die Aufgabe gut zu erledigen. Lisa ist als SÜD-OSTEN freundlich, fürsorglich, strukturiert, detailorientiert und organisiert. Rolf ist als SÜD-WESTEN freundlich, fürsorglich, flexibel, kreativ und abenteuerlustig. Obwohl sie in ihrer dominanten SÜD-Richtung übereinstimmen, besitzen sie leicht verschiedene Interessen und Talente und sind für unterschiedliche Aufgaben gut geeignet.

Der SÜD-OSTEN

freundlich • fürsorglich • strukturiert • detailorientiert • organisiert

Der SÜD-WESTEN

freundlich • fürsorglich • flexibel • kreativ • abenteuerlustig

SO ERKENNEN SIE EINEN SÜDEN
AN SEINEM VERHALTEN

Zwanzig oder mehr Kreuze (X) verweisen auf eine stark ausgeprägte SÜD-Wesensart.

SÜDEN verhalten sich im Allgemeinen folgendermaßen: Sie …

☐ sprechen, essen und bewegen sich langsam
☐ vermeiden direkten Blickkontakt
☐ haben einen weichen Handschlag
☐ sind freundlich
☐ sprechen leiser als die meisten anderen Menschen
☐ neigen Kopf und Schultern anderen zu
☐ vermeiden es, Aufmerksamkeit auf sich zu ziehen
☐ tragen helle Pastellfarben oder Erdtöne
☐ hören mit Interesse zu
☐ wirken bescheiden und angenehm
☐ zeigen eine selbstlose Anteilnahme an Menschen
☐ sind für die Gefühle anderer empfänglich
☐ ziehen es vor zu folgen, statt zu leiten
☐ kommen mitunter zu spät
☐ sprechen gerne mit Menschen, wenn sie nicht zu scheu sind
☐ lehnen Spannungen und Konflikte ab
☐ arbeiten mehr aus Notwendigkeit als aus Freude
☐ loben andere zuerst
☐ weisen Werten oberste Priorität zu

- [ ] finden Kritik schmerzlich
- [ ] sind ausgezeichnete Teamspieler
- [ ] haben grenzenlose Geduld
- [ ] suchen den Rat anderer, bevor sie handeln
- [ ] benötigen Zustimmung und Unterstützung
- [ ] hassen es, Entscheidungen treffen zu müssen
- [ ] können mitunter die Rolle eines Märtyrers annehmen
- [ ] ermutigen andere, sich gut zu fühlen, so wie sie sind
- [ ] glauben an demokratische Problemlösungen
- [ ] melden sich für alles freiwillig
- [ ] machen Geschenke, ohne etwas zu erwarten
- [ ] respektieren Autorität und versuchen, anderen zu gefallen
- [ ] strahlen Freundlichkeit, Großzügigkeit und Bescheidenheit aus
- [ ] entschuldigen sich, wenn etwas schief gelaufen ist
- [ ] schätzen Frieden, Loyalität und Teamarbeit

Wie erkennen Sie ein SÜD-Kind?

Ein typisches SÜD-Kind handelt im Allgemeinen folgendermaßen: Es...

- hilft Menschen aller Altersstufen
- isst, trinkt und bewegt sich langsam
- geht ohne Widerstand ins Bett
- genießt es, sein Spielzeug zu teilen
- spielt gern mit anderen Kindern
- schließt leicht Freundschaften
- nimmt sich beim Gehenlernen Zeit
- zeigt seine Zuneigung mit Umarmungen und Küssen
- spielt nach den Regeln anderer
- liebt die Schule und ihre sozialen Aktivitäten

Vom Tag ihrer Geburt an liebte Carolin es, umarmt und liebkost zu werden. Sie weinte selten, außer wenn sie Hunger hatte, und hatte keine Wutanfälle wie manche Spielkameraden, wenn sie ihren Willen durchsetzen wollten. Ihre Eltern nannten sie «unser goldenes Kind», denn sie schien zu strahlen. Sie lächelte stets, war immer fröhlich und half überall. Wenn ihre Freunde mit ihrem Spielzeug spielen wollten, überließ sie es ihnen lieber, als dass sie selbst damit spielte.

Ein extremes SÜD-Kind handelt im Allgemeinen folgendermaßen: Es ...

- weint, wenn es verletzt oder müde ist
- lässt sich von anderen Kindern herumkommandieren
- weint und bettelt um das, was es haben will
- neigt zu Alpträumen
- kann sich scheu und zurückgezogen verhalten
- klammert sich an Menschen, bei denen es sich sicher fühlt
- scheint vor fremden Menschen oder neuen Dingen Angst zu haben
- lehnt die Schule ab, weil es fürchtet zu versagen
- gibt sich mit dem zufrieden, was andere nicht haben wollen

Thomas brachte seinen Vater oft in Verlegenheit, weil er auch beim geringsten Stolpern weinte. Er fürchtete sich, im Swimmingpool in die Arme seines Vaters zu springen, und weigerte sich, auch nur eine Sportart zu versuchen. Besonders bedauerlich ist, dass Thomas unsicherer wurde und sich noch mehr zurückzog, je öfter sein Vater sich über das Verhalten seines Sohns ärgerte.

Ein SÜDEN in verschiedenen Rollen

**Als Schüler gilt für
einen SÜDEN im Allgemeinen
Folgendes: Er …**

- zögert, vor der Klasse zu sprechen
- vertraut mehr auf die Meinung anderer als auf seine eigene
- vermeidet es, bei strittigen Themen Position zu beziehen
- versucht, beliebt zu sein
- respektiert die Autorität des Lehrers
- versucht, nicht aufzufallen
- genießt eine gelassene, entspannte Umgebung
- zeigt wenig Wettbewerbsgeist
- liefert Aufgaben spät ab
- fürchtet Schulaufführungen
- spricht in Diskussionen so wenig wie möglich
- hat viele Freunde

**Als Sportler gilt für
einen SÜDEN im Allgemeinen
Folgendes: Er …**

- ist ein loyaler Teamspieler
- tut alles, um dem Team zu helfen
- versucht, im Team Friede und Eintracht aufrechtzuerhalten
- genießt den Teamgeist, ganz gleich, ob er gewinnt oder verliert
- fühlt sich schrecklich, wenn er dem Team schadet
- hat Schwierigkeiten, ein hartes Training zu absolvieren
- genießt den Sieg und bleibt bescheiden
- ist leicht enttäuscht und schätzt daher die Unterstützung des Teams
- muss stark an seinem Selbstbewusstsein arbeiten
- wird im Wettkampf nervöser als die meisten anderen
- tut, was ihm der Trainer aufträgt
- zeigt mehr Stolz auf seine Teamkameraden als auf sich selbst

Als Führungsperson gilt für einen SÜDEN im Allgemeinen Folgendes: Er ...

- bedient sich eines demokratischen Führungsstils
- teilt bereitwillig seine Autorität
- lässt sich gern beraten
- ist davon abhängig, dass andere den Großteil der Arbeit erledigen
- gerät in einer Krise oder einem Konflikt außer sich
- schafft eine gelassene, freundliche Atmosphäre
- hält die Kommunikationskanäle offen
- lässt Gruppenentscheidungen zu
- hört sich alle Standpunkte zu einem Thema an
- äußert eher Bitten als Befehle
- versucht, überall beliebt zu sein
- schätzt Zusammenarbeit und Einsatz

Als Freund, Ehemann/Ehefrau oder Elternteil gilt für einen SÜDEN im Allgemeinen Folgendes: Er ...

- beschenkt andere gerne und widmet ihnen seine Aufmerksamkeit
- kümmert sich um die Bedürfnisse anderer
- bietet sich als mitfühlender Zuhörer an
- ist hilfsbereit und großzügig
- fragt und erwartet wenig von anderen
- fühlt sich jenen am nächsten, die ihn brauchen
- gibt häufig den Wünschen anderer nach
- weist der gemeinsamen Zeit mit seinen Lieben oberste Priorität zu
- vermeidet Konflikte, wann immer möglich
- äußert Gefühle leichter als Meinungen
- zeigt Loyalität und Hingabe
- erzählt anderen, was sie hören wollen

177

Ein SÜDEN in verschiedenen Situationen

**Zu Hause gilt für
einen SÜDEN im Allgemeinen
Folgendes: Er ...**

- sorgt sich liebevoll um andere
- genießt es, offen Zuneigung
  zu zeigen und zu empfangen
- benötigt das Gefühl, dass sich
  sein Partner um ihn kümmert
- liebt es, von seiner Familie
  gebraucht zu werden
- arbeitet, spielt und liebt mit
  Gefühl
- schiebt Aufgaben beiseite,
  um Zeit mit seiner Familie zu
  verbringen
- platziert Familienfotos und
  Andenken deutlich sichtbar
- opfert sich selbstlos für Familie
  und Freunde
- dient anderen, ohne zu klagen
- hasst es, disziplinäre Maßnahmen
  zu treffen
- sucht in Notfällen Hilfe
- überhäuft die Familie mit besonderen Aufmerksamkeiten

**Im sozialen Umfeld gilt für
einen SÜDEN im Allgemeinen
Folgendes: Er ...**

- genießt es, mit ihm bekannten
  Menschen zusammen zu sein
- zieht aufgrund seiner Freundlichkeit die Menschen wie
  ein Magnet an
- versucht, nicht aufzufallen
- vermittelt anderen das Gefühl,
  wichtig zu sein
- lenkt Gespräche auf familiäre oder
  persönliche Themen
- zieht es vor, in einer gemütlichen
  Ecke zu bleiben
- wünscht sich, Vertrauen haben
  zu können
- bevorzugt Menschen, die lächeln
- isst vielleicht nicht gern öffentlich
- reagiert empfindlich auf die Worte
  und Handlungen anderer
- nutzt jede Gelegenheit,
  um Beziehungen aufzubauen
- hilft beim Aufräumen und
  schickt eine Dankeskarte

Beim Vorstellungsgespräch gilt für einen SÜDEN im Allgemeinen Folgendes: Er ...

- könnte einige Minuten zu spät kommen, hat aber eine gute Erklärung
- sucht immer nur für kurze Zeit Blickkontakt
- wartet auf die Aufforderung, Platz zu nehmen
- spricht nur, wenn er dazu aufgefordert wird
- äußert sich bescheiden über seine Leistungen
- zeigt Interesse an der Gelegenheit zu Teamarbeit
- spricht leise und bemüht sich, andere nicht zu unterbrechen
- fragt nach den Menschen, mit denen er zusammenarbeiten würde
- spricht gerne über seine Familie
- wirkt etwas nervös
- überlässt seinem Gegenüber die Leitung des Gesprächs

Am Arbeitsplatz gilt für einen SÜDEN im Allgemeinen Folgendes: Er ...

- erbringt die beste Leistung, wenn er nicht gedrängt wird
- konzentriert sich mehr auf Menschen als auf Aufgaben
- benötigt eine lange Vorbereitungszeit, um Termine einzuhalten
- bietet anderen seine Hilfe an
- genießt es, zu seinen Mitarbeitern Beziehungen aufzubauen
- kann nicht Nein sagen, auch wenn er bereits überlastet ist
- zeigt Geduld und Toleranz
- bevorzugt es, im Team zu arbeiten
- vermeidet Konflikte nahezu um jeden Preis
- gerät durch Lob oder Komplimente in Verlegenheit (obwohl er beides benötigt)
- könnte sich zurückziehen und anderen die Anerkennung zukommen lassen
- wartet darauf, dass man ihm sagt, was er zu tun hat

Zitate, die einen typischen SÜDEN beschreiben

«Christoph ist der beste Freund, den ich jemals hatte. Ich weiß, dass er immer für mich da sein wird, was auch geschehen mag. Wenn ich ihn um drei Uhr nachts anrufe und ihm sage, dass ich mit ihm sprechen muss, kommt er sofort herüber – und nimmt auf dem Weg noch etwas zu essen mit. Egal, was ich sage oder tue, er wird mein Freund bleiben. Er respektiert meine Gefühle und Entscheidungen, selbst wenn er ihnen nicht immer zustimmt.»

Doris E.

«Patrizia ist wundervoll! Sie hatte ungeheures Pech und hat dennoch ihre positive Einstellung beibehalten. Wenn eigentlich sie Hilfe bräuchte, meldet sie sich freiwillig, um in einem Krankenhaus zu arbeiten, Kleidung und Nahrung für Bedürftige zu sammeln und bei ‹Essen auf Rädern› auszuhelfen. Ihr Lächeln und ihre Haltung dem Leben gegenüber ist allen, die mit ihr in Kontakt kommen, eine Quelle der Inspiration.»

Barbara Z.

«Kathrin ist eine dieser Mütter, die mir das Gefühl vermitteln, eine Versagerin zu sein. Sie hält stets frisch gebackene Kekse für die Kinder bereit, stellt den Großteil der Kleider und Kostüme für die Kinder selbst her, unterrichtet in ihrer Kirchgemeinde, fährt die gesamte Nachbarschaft herum und sagt niemals auch nur ein böses Wort über einen Menschen.»

Lydia A.

Zitate, die einen extremen SÜDEN beschreiben

«Wir ärgern uns über Dennis, weil er es zulässt, dass ihm seine Frau auf der Nase herumtanzt. Je mehr sie fordert und ihn demütigt, desto mehr tut er für sie – kochen, babysitten, Wäsche waschen, Haushalt führen, Reparaturen und Botengänge erledigen. Daneben arbeitet er ganztags, während sie einkauft und Bridge spielt.»
Peter und Janice F.

«Cornelia ist seit langem meine Freundin, doch ich muss gestehen, dass mir ihre Klagen und Beschwerden auf die Nerven gehen. Sie hat sich zu einem Hypochonder entwickelt und kann kaum darauf warten, mir jeden Tag von ihren neuen Schmerzen und Leiden zu erzählen. An ihrem Arbeitsplatz ist sie überlastet und davon überzeugt, dass ihr Vorgesetzter absichtlich auf ihr herumhackt. Ihr Selbstmitleid ärgert mich, denn in Wirklichkeit ist sie gesund und leistet gute Arbeit.»
Elisabeth G.

«Ich wünschte, Johanna würde erkennen, wie hübsch und talentiert sie ist. Ihre Unsicherheit und Scheu verhindern, dass sie auch nur den Versuch unternimmt, eine ernsthafte Beziehung einzugehen oder einen zufrieden stellenden Arbeitsplatz zu finden. Jeder erkennt ihr Potential, außer sie selbst.»
Nicole P.

WIE MOTIVIEREN SIE EINEN SÜDEN ZUM ERFOLG?

Erzählen Sie einem SÜDEN von einem Konflikt und er wird nicht ruhen, bis dieser gelöst ist. Sagen Sie ihm, dass Sie seine Hilfe und Loyalität schätzen, und er wird still und leise eine ansteckend positive Stimmung verbreiten, der sich niemand entziehen kann. Erklären Sie einem SÜDEN, dass sie seine Teambildungsfähigkeit benötigen und er wird eine Gruppe feindseliger Einzelpersonen zu einer Einheit kooperativer, loyaler Teamspieler verbinden. Sagen Sie einem SÜDEN, dass er in einer warmherzigen Umgebung arbeiten wird, und er wird glücklich sein und mit vollem Einsatz versuchen, die Wünsche seiner Vorgesetzten und Mitarbeiter zu erfüllen und andere zu unterstützen.

Was einen SÜDEN anspornt

- Zusammenarbeit
- angenehme Menschen
- freiwilliger Einsatz
- Optimismus
- gemächliches Tempo
- das Gefühl, gebraucht zu werden
- Kommunikation
- persönliche Anerkennung
- im Team arbeiten
- Hilfestellung
- Loyalität/Vertrauen
- wenig Druck
- Liebenswürdigkeit
- einem Anführer zu folgen
- Ermunterung
- Friedfertigkeit
- Kameradschaft
- emotionale Unterstützung
- Beziehungen
- Ratschläge erteilen
- Konflikte lösen
- Freundlichkeit
- wenig Stress

Was einen SÜDEN ärgert

Ein SÜDEN ärgert sich über alles, was ihm als grob oder rücksichtslos erscheint. Er bringt wenig Toleranz für aggressives, egozentrisches Verhalten auf, insbesondere wenn damit andere verletzt oder in Verlegenheit gebracht werden können. Es empfiehlt sich, einen SÜDEN nicht zu drängen. Er erbringt seine beste Leistung in einer ruhigen, stressfreien Umgebung. Räumen Sie Menschen den obersten Rang ein, wenn Sie mit einem SÜDEN zu tun haben, und sprechen Sie warmherzig mit ihm. Übersehen Sie einen SÜDEN nie und sprechen Sie mit ihm, wie beschäftigt Sie auch sein mögen. Denn er wird sonst verletzt sein und lange darüber nachdenken, wodurch er Ihren Ärger hervorgerufen hat. Ein SÜDEN kann einen unschätzbaren Beitrag liefern, solange er sich nicht unsicher fühlt.

Was SÜDEN nicht mögen

- lautstarke Auseinandersetzungen
- das Gefühl, gemieden zu werden
- Konflikte
- eine negative Einstellung
- Isolation
- große Verantwortung
- Entscheidungen treffen
- Unempfindlichkeit
- Druck
- Meinungsverschiedenheiten
- Hindernisse auf dem Weg zum Frieden
- mangelnde Teamarbeit
- ein eiliges Tempo
- Wettbewerb
- Ungeduld
- Termine
- im Scheinwerferlicht stehen
- mangelnde Kooperation
- Grobheit
- Arbeitsüberlastung

Was einen SÜDEN begeistert

Ein SÜDEN ist glücklich, wenn er ...
- mit anderen Werte teilt
- etwas verkauft, an das er glaubt
- an demokratischen Prozessen teilnimmt
- sich als Teil eines Teams fühlt
- mit anderen produktiv zusammenarbeitet
- die Gelegenheit erhält, echte Hilfe zu leisten
- von positiv denkenden Menschen umgeben ist
- mit Menschen zu tun hat, die ihn brauchen und schätzen
- anderen Gutes tut
- beitragen kann, einen Konflikt zu lösen

Ein SÜDEN schätzt es ...
- seine Dienste freiwillig anzubieten
- die Probleme anderer zu lösen
- Beziehungen aufzubauen
- mit Freunden zu reden
- anderen zu gefallen
- anderen zu helfen, gut dazustehen
- die zu loben, denen Lob gebührt
- Menschen mit Anerkennung und Geschenken zu überhäufen
- sich Zeit zu nehmen
- sich wohl und geborgen zu fühlen

Belohnung für einen SÜDEN

Die unten angeführte Liste zeigt eine Auswahl von Dingen, die ein SÜDEN als Belohnung empfindet. Sie lassen sich sowohl zu Hause als auch am Arbeitsplatz einsetzen, um die Leistung eines SÜDENS zu steigern.

- Dank und Anerkennung
- eine persönliche Einladung, sich an etwas zu beteiligen
- handgefertigte Geschenke
- sentimentale Erinnerungsstücke
- Blumen oder Süßigkeiten
- Verminderung der Arbeitsbelastung
- Hilfe bei der Erfüllung von Aufgaben
- mehr Freizeit
- soziale Zusammenkünfte mit Freunden
- ein Platz im Team
- die Mitgliedschaft in einer besonderen Organisation
- die Anerkennung seiner Hilfsbereitschaft
- ein Lob unter vier Augen
- Beiträge an die von ihm bevorzugte Wohltätigkeitseinrichtung
- verständnisvolles Zuhören
- eine freundliche, geduldige Haltung
- wenn seine Fragen ernst genommen werden
- persönliche Geschenke, die Einfühlsamkeit erkennen lassen
- besondere Fotos
- Dankesschreiben

SO VERMEIDEN SIE ZUSAMMENSTÖSSE MIT EINEM SÜDEN

Ein Zusammenstoß erfolgt, wenn unterschiedliche Menschen, Ideen oder Dinge miteinander in Kontakt kommen und Spannungen oder Konflikte erzeugen. Je größer die Verschiedenheit, desto größer der Konflikt. Viele Zusammenstöße zwischen Personen werden durch das Setzen unterschiedlicher Prioritäten ausgelöst. Erinnern wir uns:

- ZIELE sind einem NORDEN wichtig
- TATSACHEN sind für einen OSTEN bedeutsam
- WERTE sind für einen SÜDEN essentiell
- METHODEN sind für einen WESTEN maßgeblich

Die häufigsten Konflikte beziehen sich auf das, was einem Menschen von Natur aus besonders viel bedeutet. Zwei SÜDEN könnten wegen unterschiedlicher Werte zusammenstoßen. Ein SÜDEN und ein OSTEN könnten wegen einander widersprechender Werte und Tatsachen in Streit geraten. Ein SÜDEN und ein WESTEN könnten aufgrund von unvereinbaren Werten und Methoden aneinander geraten, ein SÜDEN und ein NORDEN wegen eines Konflikts zwischen Werten und Zielen.

Konflikte zwischen Gegensätzen

SÜDEN	NORDEN
auf den Menschen ausgerichtet	auf die Aufgabe ausgerichtet
gelassen	hart arbeitend
Teamspieler	unabhängig
emotional	praktisch
demokratischer Führungsstil	autoritärer Führungsstil
sympathisch	geschäftsmäßig
hilfsbereit	kontrollierend
langsam	schnell

Wie Sie Konflikte mit einem SÜDEN vermeiden

- Versuchen Sie seine Werte zu teilen
- Bedrängen Sie ihn nicht
- Bleiben Sie entspannt
- Lassen Sie ihn helfen
- Achten Sie Ihre Mitmenschen
- Minimieren Sie Stressfaktoren
- Wecken Sie sein Vertrauen
- Richten Sie Ihre Aufmerksamkeit auf das Positive
- Zeigen Sie Entgegenkommen
- Nehmen Sie ihn in Ihren Kreis auf
- Bringen Sie ihn nicht in Verlegenheit
- Lernen Sie zu lächeln
- Erfüllen Sie seine Bedürfnisse
- Schreien Sie nicht
- Seien Sie diplomatisch
- Übersehen Sie seine Unpünktlichkeit
- Seien Sie freundlich
- Entwickeln Sie Teamgeist
- Seien Sie umgänglich
- Seien Sie fürsorglich
- Zeigen Sie Bereitschaft zu Kooperation
- Lernen Sie zuzuhören
- Helfen Sie ihm
- Zeigen Sie Ihre Empfindsamkeit
- Vermeiden Sie Konflikte
- Seien Sie öfter uneigennützig
- Halten Sie den Stresspegel niedrig
- Sorgen Sie für Kontakt und Gespräche
- Zeigen Sie Einfühlungsvermögen
- Seien Sie mitfühlend

Ratschläge für das Zusammenleben und -arbeiten mit einem SÜDEN

Was Sie tun sollten

- Reagieren Sie verständnisvoll auf die Empfindungen des SÜDENS
- Achten Sie sein Bedürfnis zu helfen
- Zeigen Sie ihm, dass Sie ihn mögen
- Bedanken Sie sich bei ihm für alles, was er tut
- Respektieren Sie sein Bedürfnis nach Frieden und Anerkennung
- Ermutigen Sie ihn, Begonnenes zu vollenden
- Gewähren Sie ihm ausreichend Zeit, seine Aufgaben zu erledigen
- Nehmen Sie sich Zeit für Gespräche
- Mit Freundlichkeit bringen Sie ihn in Hochform

Geben Sie einem SÜDEN, was er braucht

Als SÜDEN gab der Verwaltungsassistent Tim sein Bestes, um seinem Vorgesetzten das Leben so angenehm und einfach wie möglich zu machen. Es machte ihm Spaß, sich Dinge auszudenken, die Herrn Schmidt Freude bereiteten, und er erfüllte mehr als seine Pflicht, indem er private Botengänge erledigte, die Lieblingssnacks nachkaufte und Karten für besondere Sportereignisse für ihn besorgte. Tim blühte auf, wenn er für seine Mühen Dank erhielt. Je mehr Anerkennung ihm von Herrn Schmidt zuteil wurde, desto hilfsbereiter wurde er.

Was Sie vermeiden sollten

- Lassen Sie nicht zu, dass ein SÜDEN von Ihnen zu sehr abhängig wird
- Erwarten Sie von ihm kein gleich bleibendes Arbeitstempo
- Lassen Sie sich wegen seiner Hilfestellung und seiner Geschenke nicht in Verlegenheit bringen
- Gestatten Sie ihm nicht, in Selbstmitleid zu schwelgen
- Tadeln Sie ihn niemals öffentlich
- Beschweren Sie sich in seiner Anwesenheit nicht über andere
- Bleiben Sie Gefühlen gegenüber nicht gleichgültig
- Streiten Sie nicht mit ihm, sondern klären Sie in Ruhe Ihre Meinungsverschiedenheit
- Bringen Sie ihn nicht in Stresssituationen
- Verlangen Sie von ihm keine Eile

Betrachten Sie einen SÜDEN nicht als Selbstverständlichkeit

Obwohl Gisela es genoss, ihre Familie mit besonderen Aufmerksamkeiten und Überraschungen zu erfreuen, fühlte sie sich zunehmend wie eine Haushaltshilfe. Wenn sie früher das Lieblingsessen der Familie zubereitete, hatte man ihr mit Umarmungen und Lobreden gedankt. Heute ärgerten sich die Mitglieder ihrer Familie, wenn sie nicht zumindest zweimal pro Woche einen besonderen Leckerbissen erhielten. Gisela erkannte, dass es wesentlich mehr Freude bereitete, etwas für jemanden zu tun, der das schätzt, als für jemanden, der eine Gunst erwartet oder fordert.

Die besten Chancen für eine Übereinstimmung mit einem SÜDEN

Ehepartner, Kinder, Freunde, Vorgesetzte und Mitarbeiter von SÜDEN, aufgepasst! Ein Übereinstimmungstest wird Ihnen helfen herauszufinden, wer sich am besten mit einem SÜDEN verträgt.

Die auf dem Persönlichkeits-Kompass an den SÜDEN grenzenden Persönlichkeitstypen (OSTEN und WESTEN) besitzen die besten Voraussetzungen für eine Übereinstimmung mit einem SÜDEN. Der höchste Grad an Verträglichkeit tritt üblicherweise dann auf, wenn sowohl die dominante als auch die subdominante Wesensart auf dem Kompass direkt an den SÜDEN angrenzen.

Verträglichkeit

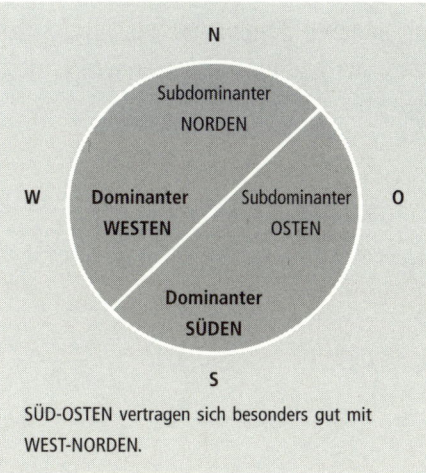

SÜD-OSTEN vertragen sich besonders gut mit WEST-NORDEN.

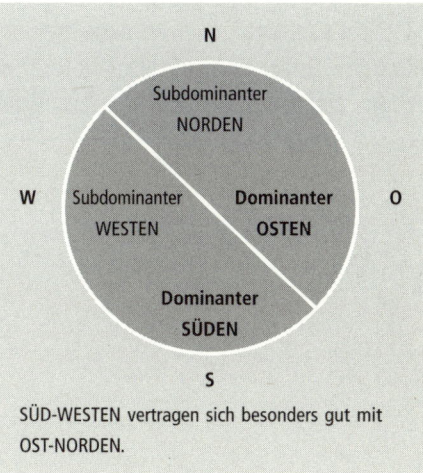

SÜD-WESTEN vertragen sich besonders gut mit OST-NORDEN.

191

Profitieren Sie von Ihrer Übereinstimmung mit einem SÜDEN

1. SÜD-OSTEN und WEST-NORDEN ergänzen einander, wobei sich ihre Eigenschaften und Fähigkeiten so verbinden, dass ausgewogene Einzelpersonen und Teams entstehen.
2. SÜD-WESTEN und OST-NORDEN arbeiten ebenfalls produktiv zusammen, da sich ihre Wesenszüge unterscheiden, aber einander nicht widersprechen.

SÜDEN vertragen sich im Allgemeinen schlecht mit dominanten NORDEN, da sich ihre Wesenszüge widersprechen und sie wenig Gemeinsamkeiten aufweisen – außer es handelt sich um sehr ausgeglichene Personen.

SÜDEN vertragen sich im Allgemeinen mit anderen dominanten SÜDEN, da sie ähnliche Interessen und Qualitäten besitzen. Sie benötigen aber andere Grundtypen, um ihr volles Potential zu entfalten.

Tipps für SÜDEN zu einem besseren Zusammenleben mit anderen

Kreuzen Sie das jeweilige Kästchen an, sobald Sie diese Fähigkeit erworben haben.

- ☐ Erledigen Sie eine Aufgabe rascher
- ☐ Seien Sie nicht überempfindlich
- ☐ Treten Sie schneller in Aktion
- ☐ Entwickeln Sie eine abgeklärtere innere Haltung
- ☐ Beschleunigen Sie Ihre Handlungen
- ☐ Bitten Sie, wenn nötig, um Hilfe
- ☐ Helfen Sie sich selbst ebenso wie anderen
- ☐ Distanzieren Sie sich von dem Gefühl, anderen Geschenke geben zu müssen, um beliebt zu sein
- ☐ Erledigen Sie mehr selbständig und unabhängig
- ☐ Vertrauen Sie auf Ihre Fähigkeiten
- ☐ Erscheinen Sie pünktlich und vorbereitet
- ☐ Plaudern Sie weniger, wenn Sie arbeiten sollten
- ☐ Drücken Sie im geeigneten Moment Ihre ehrliche Meinung aus
- ☐ Kommen Sie rasch auf den Punkt
- ☐ Bieten Sie weniger Erklärungen und Ausflüchte an
- ☐ Zeigen Sie keine Angst vor Meinungsverschiedenheiten
- ☐ Steigern Sie Ihre Entschlossenheit
- ☐ Treffen Sie Entscheidungen rascher und bestimmter
- ☐ Entwickeln Sie Selbstvertrauen
- ☐ Halten Sie Termine ein

- [ ] Lassen Sie sich durch starke Belastungen nicht beeinträchtigen
- [ ] Vermeiden Sie übermäßige Freundlichkeit oder Schmeichelei
- [ ] Reagieren Sie auf Schwierigkeiten weniger gefühlsbetont
- [ ] Dämpfen Sie Ihre Erwartungshaltung
- [ ] Bemühen Sie sich nicht so sehr, anderen zu gefallen
- [ ] Beenden Sie Aufgaben, die getan werden müssen
- [ ] Entwickeln Sie eine professionelle Einstellung
- [ ] Widerstehen Sie Ihrer Neigung, alles abzuschwächen
- [ ] Versprechen Sie nur, was Sie halten können
- [ ] Treten Sie aus der Opferrolle heraus
- [ ] Zögern und klagen Sie weniger
- [ ] Ergreifen Sie die Initiative

Hier ist Achtsamkeit geboten!

Wenn Sie sich verletzt fühlen oder über eine Situation ärgern und den Wunsch verspüren, sich zurückzuziehen, in die Opferrolle zu fallen, in Tränen auszubrechen oder zu jammern, halten Sie inne! Viele SÜDEN sind der Ansicht, dass sie von anderen mehr Unterstützung erhalten, wenn sie ihre Verletzlichkeit deutlicher zeigen. Diese Taktik wird nur bei anderen SÜDEN kurzfristig funktionieren, doch auch sie wird ein solches Verhalten schließlich ermüden.

DER RICHTIGE BERUF FÜR EINEN SÜDEN

Geeignete Berufe und Tätigkeiten für einen SÜDEN

- Verwaltungsassistent
- Verkäufer
- Leiter der Personalabteilung
- Arzt/Krankenschwester
- Diplomat
- Psychologe
- Lehrer
- Vermittler
- Empfangschef
- Public-Relations-Fachmann
- Sozialarbeiter
- Geistlicher
- Missionar
- Kellner
- Barkeeper

Zur Erinnerung

Sie benötigen einen SÜDEN am Arbeitsplatz, wenn ...

- Sie an Teamarbeit und Kooperation interessiert sind
- Konflikte gelöst werden sollen
- jemand einen freundlichen Eindruck vermitteln soll
- Sie eine gelassene, entspannte Atmosphäre schaffen wollen
- Sie einen loyalen Anhänger suchen

Feinabstimmung für den Beruf

Regina ist ein dominanter SÜDEN und subdominanter OSTEN. Sie ist die ideale Hausärztin, da sie gern Menschen hilft und eng mit Familien zusammenarbeitet. Sie versorgt ihre Patienten mit Ernährungsempfehlungen, stellt individuelle Übungsprogramme zusammen und setzt jährliche Gesundheitsuntersuchungen an.

Wilhelm ist ein dominanter SÜDEN und subdominanter WESTEN. Da er freundlich, gesellig und ein guter Zuhörer ist, eignet er sich ausgezeichnet zum Diplomaten. Er genießt es, den Menschen als Vertreter seines «Landesteams» zu helfen, ist flexibel, passt sich leicht an fremde Bräuche an und löst Probleme auf kreative Weise.

Jobs für SÜD-OSTEN

- Leiter der Personalabteilung – auf Menschen konzentriert (S), organisiert (O)
- Arzt/Krankenschwester – fürsorglich (S), detailorientiert (O)
- Vermittler – friedliebend (S), strukturiert (O)
- Empfangschef – freundlich (S), logisch (O)

Jobs für SÜD-WESTEN

- Verkäufer – freundlich (S), flexibel (W)
- Diplomat – gastfreundlich (S), anpassungsfähig (W)
- Missionar – mitfühlend (S), abenteuerlustig (W)
- Kellner – hilfsbereit (S), schnell (W)

Wieso sich SÜDEN hervorragend als Angestellte eignen

Wenn eine Aufgabe Kommunikationsfähigkeit und die Gabe erfordert, mit Menschen umzugehen, ist niemand besser dafür geeignet als ein SÜDEN. Wenn ein SÜDEN nicht die Gelegenheit hat, mit anderen Menschen häufig in Kontakt zu kommen, wird er es dennoch tun, weil er nicht anders kann. Menschen sind für ihn so lebenswichtig wie die Luft zum Atmen. Es wäre ein Fehler, sein aufrichtiges Bedürfnis, anderen zu helfen, und seine besondere Gabe, Konflikte zu lösen und bei Menschen aller Art guten Willen hervorzurufen, außer Acht zu lassen. Denn ein SÜDEN kann ein angenehmes Arbeitsklima schaffen und loyale, geschlossene Teams bilden.

Ein SÜDEN kann Menschen für sich gewinnen

Hans wusste in dem Augenblick, in dem er Walter traf, dass dieser sich hervorragend als Public-Relations-Fachmann eignete. Sein Lächeln war elektrisierend, und er wirkte wie ein Magnet. Die Menschen fühlten sich aufgrund seiner Wärme und Freundlichkeit augenblicklich zu ihm hingezogen. Hans beobachtete, wie die Menschen Walter umschwärmten. Ihm gefiel die Art, wie er jedem Einzelnen aufmerksam zuhörte. Walter schien tatsächlich *interessiert* zu sein, als er Hans nach seiner Familie, seinen Hobbys, seinen Lieblingssportarten und seinem besten Golfspiel befragte. Es war, als ob er Walter sein Leben lang gekannt hätte.

Ein SÜDEN hilft gern

Marlies war begeistert, als sie von ihrer Beförderung zur Personalfortbilderin hörte. Sie hatte lange über Kurse nachgedacht, von denen die Angestellten profitieren könnten, wie Teambildung innerhalb der Abteilung, Gesundheits- und Fitnessprogramme, Kinderbetreuung, Abendkurse im Betrieb und vieles mehr. Sie wollte so viele Möglichkeiten wie erdenklich anbieten, um den Kontakt der Angestellten untereinander zu fördern und ihnen zu helfen, sich als Teil eines Teams zu fühlen.

Ein SÜDEN arbeitet nicht gern allein

Der Soziologe Daniel schmückte sein kleines Büro mit eingerahmten Weisheits-sprüchen, die seinen Glauben widerspiegelten, dass Teamarbeit und Freundschaft die stärksten Waffen gegen menschliche Einsamkeit, Depression und Stagnation darstellten. Unter den Dutzenden von Sprüchen waren einige besonders auffallend:

- Teamarbeit funktioniert
- Teile die Last, dann ist sie leichter
- Er ist nicht schwierig, er ist mein Bruder
- Man braucht einen Freund, um Freund zu sein
- Strecke die Hand aus und berühre jemanden

Ein SÜDEN kann sich Zeit nehmen

Georg bemerkte, dass Angestellte mit Problemen immer zu ihm geschickt wurden. Da er im Verkauf tätig war und nicht in der Personalabteilung, fragte er seinen Vorgesetzten, aus welchem Grund dies geschah. Die Antwort hätte ihn nicht überraschen sollen: «Georg», sagte er, «du kannst so gut mit Menschen umgehen. Du nimmst dir Zeit, ihnen zuzuhören, hilfst ihnen, Lösungen zu finden, und sie kehren glücklicher und motivierter an ihren Arbeitsplatz zurück. Ich habe dich beobachtet – du schaust auf den Menschen und nicht auf die Uhr.»

Die drei wichtigsten Fragen und Antworten, wenn Sie einen SÜDEN für einen SÜDEN-Job einstellen wollen

1.   «Erzählen Sie von sich.»

Ein SÜDEN spricht im Allgemeinen lieber über andere Themen als über sich und könnte daher etwa Folgendes erwähnen:

- dass ihn die Aufgabe interessiert
- wie gut ihm das Unternehmen gefällt
- wie freundlich ihm die Menschen an diesem Tag begegneten
- Teamprojekte, an denen er beteiligt war
- interessante Klienten und Mitarbeiter, mit denen er zusammenarbeitete
- freiwillig geleistete Arbeiten
- auf welche Weise er seinem Vorgesetzten geholfen hat, seine Ziele zu erreichen
- sein Interesse an Ihnen, Ihrer Familie und Ihrem Job

2.   «Was interessiert Sie an unserem Unternehmen (oder dem ausgeschriebenen Job)?»

Das Interesse eines SÜDENS wird häufig durch Folgendes geweckt:

- Zusammenarbeit mit freundlichen Menschen
- eine entspannte Arbeitsatmosphäre
- niedriger Stress-Pegel und Aufgaben, denen er sich gewachsen fühlt
- besondere Wertschätzung für Teamarbeit und Kooperation
- ein hohes Maß an Sicherheit und Vorteile für seine Familie
- die Möglichkeit, seine Bedürfnisse zu befriedigen
- demokratische Prozesse, die Gerechtigkeit sicherstellen
- Rücksicht auf die Bedürfnisse und das Wohlbefinden aller Angestellten

3.   «Warum sollten wir Sie einstellen?»

Ein SÜDEN beschreibt seine Stärken im Beruf häufig folgendermaßen:

- Er arbeitet gerne mit anderen zusammen
- Er ist ein guter Zuhörer
- Er besitzt eine fröhliche, positive Einstellung
- Er kommt gut mit anderen aus
- Er kommuniziert wirksam mit unterschiedlichen Menschentypen
- Er nimmt große Mühen auf sich, um jemandem zu helfen
- Er trägt zur Lösung von Konflikten und Problemen bei
- Er hat Geduld im Umgang mit «schwierigen» Menschen

SO SETZEN SIE DEN PERSÖNLICHKEITS-KOMPASS EIN, WENN SIE EIN SÜDEN SIND

(dominant oder subdominant)

Der Persönlichkeits-Kompass ist ein Werkzeug, das die Komplexität des menschlichen Verhaltens vereinfacht, damit Sie sich und die Menschen in Ihrer Umgebung besser verstehen. Zudem bietet er praktische Übungen zur Verbesserung Ihrer persönlichen Fähigkeiten; die Übungen können gut ins tägliche Leben integriert werden. Sie können dieses Handbuch für drei spezifische Ziele einsetzen.

Nutzen Sie den Persönlichkeits-Kompass, um Ergebnisse zu erzielen

- Entwickeln Sie in sich ein gut ausgewogenes Gleichgewicht von Eigenschaften und Fähigkeiten zur Steigerung Ihrer Selbstachtung.
- Wenn Sie sich in einen Gesprächspartner verwandeln, der andere wirklich wahrnimmt, bereichern Sie Ihre persönlichen und beruflichen Beziehungen.
- Erweitern und vertiefen Sie Ihre Fähigkeiten und vergrößern Sie so Ihren Erfolg am Arbeitsplatz und im Privatleben.

Nutzen Sie den Kompass, um Ihre SÜD-Eigenschaften zu verbessern

Was Sie als SÜDEN tun müssen

Ein SÜDEN muss lernen, wie ein NORDEN zu denken und zu handeln:

- um sein inneres Gleichgewicht zu finden
- im Gespräch mit einem NORDEN
- in Situationen, die Eigenschaften und Fähigkeiten eines NORDENS erfordern

Ein SÜDEN muss wissen, welchen Nutzen es ihm bringt, wie ein NORDEN zu denken und zu handeln:

- Sie werden mit anderen Menschen entspannter umgehen können
- Sie werden entschlossener und selbstbewusster
- Sie werden ausgeglichener
- Sie werden lernen, Ihre Schwächen zu schätzen
- Sie werden Ihre Bequemlichkeit überwinden und wachsen
- Sie werden an Selbstachtung und Macht gewinnen

Denken Sie über die Wesenszüge eines NORDENS nach:

- Ein NORDEN ist stark und unabhängig
- Er arbeitet schnell und energisch
- Er genießt es, hart zu arbeiten und an Wettkämpfen teilzunehmen
- Er trägt gern Verantwortung und schätzt es, Autorität zu haben
- Er ist entscheidungsfreudig und kann gut die Initiative ergreifen
- Er versucht, nicht aufzugeben und keine Schwäche zu zeigen

Wie ein SÜDEN lernt, in der Art eines NORDENS zu handeln

1. Schritt Lesen Sie Kapitel 3 dieses Buches aufmerksam durch.

2. Schritt Denken Sie an Ihnen bekannte NORDEN und fragen Sie sich, was diese sagen oder tun würden.

3. Schritt Bemühen Sie sich, wie ein dominanter NORDEN zu denken und zu handeln.

4. Schritt Überwinden Sie sich dazu, die Welt und die Menschen, die Ihnen begegnen, in der Sichtweise eines NORDENS zu betrachten.

5. Schritt Üben Sie! Das Verhalten und die Fähigkeiten eines NORDENS sind erlernbar.

6. Schritt Fangen Sie jetzt an und folgen Sie den unten stehenden Richtlinien.

Lernen Sie Schritt für Schritt, wie ein NORDEN zu handeln

Kreuzen Sie die Kästchen vor jenen Verhaltensweisen an, die Sie stärken wollen, und üben Sie sie anschließend.

☐ Blicken Sie den Menschen direkt in die Augen

☐ Grüßen Sie mit festem Handschlag

☐ Sprechen, arbeiten und bewegen Sie sich rasch

☐ Stecken Sie sich Ziele und unternehmen Sie alles, um sie zu erreichen

☐ Seien Sie kühn und energisch

☐ Halten Sie sich gerade und zeigen Sie Selbstvertrauen

☐ Treffen Sie schnelle Entscheidungen (vertrauen Sie auf Ihren Instinkt!)

☐ Betrachten Sie Schwierigkeien als Herausforderung

☐ Bemühen Sie sich darum, der Beste zu sein

☐ Ergreifen Sie die Initiative und nehmen Sie Situationen und Entwicklungen stärker selbst in die Hand

☐ Akzeptieren Sie die Führungsrolle

☐ Sprechen Sie Ihre Meinung laut und deutlich aus

☐ Suchen Sie nach Möglichkeiten, Ihre Wünsche umzusetzen

☐ Haben Sie den Mut, für Ihre Überzeugung zu kämpfen

Bestimmen Sie selbst, was Sie brauchen

Bewertungsformular für einen SÜDEN

Nehmen Sie die vorangehenden Seiten als Richtlinie und listen Sie die Verhaltensweisen auf, die Sie zuerst entwickeln wollen.

- *Durchsetzungsvermögen*
-
-
-

Führen Sie unten die Strategie an, mit der Sie jeden der obigen Punkte erreichen wollen.

- *Sicherstellen, dass meine Meinung gehört wird*
-
-
-

Überlegen Sie sich einen NORDEN, den Sie bewundern, und notieren Sie vier seiner Eigenschaften, die Sie gerne hätten oder brauchen.

Name:

-
-
-
-

Werden Sie, was Sie nicht sind

Übersicht über die Fortschritte eines SÜDENS

Notieren Sie die Verbesserungen in Ihrem Verhalten in dem folgenden Formular. Geben Sie den derzeitigen Status mit einem Kreuz (X) an.

Von mir verstärkte Verhaltensweisen	Verbesserung nach einer Woche	Verbesserung nach einem Monat
typische NORD-Menschen beobachtet	☐	☐
mehr Entschlossenheit entwickelt	☐	☐
Verantwortung übernommen	☐	☐
das Tempo gesteigert	☐	☐
hart gearbeitet	☐	☐
Mut bewiesen	☐	☐
meine Meinung ausgedrückt	☐	☐
Führungsqualitäten entwickelt	☐	☐
nicht geklagt	☐	☐
Entscheidungen getroffen	☐	☐
Selbstbewusstsein gezeigt	☐	☐
Termine eingehalten	☐	☐
Lob angenommen	☐	☐
eine Aufgabe zu Ende geführt	☐	☐
Initiative ergriffen	☐	☐
nicht gezögert	☐	☐
unabhängiger geworden	☐	☐
um Hilfe gebeten	☐	☐

mehr Stärke entwickelt	☐	☐
das Alleinsein genossen	☐	☐
Ausflüchte vermieden	☐	☐
weniger geplaudert	☐	☐
widersprochen	☐	☐

Eingesetzte Mittel	**in einer Woche eingesetzt**	**in einem Monat eingesetzt**
mich mit einem NORDEN beraten	☐	☐
über NORDEN gelesen	☐	☐
viele NORDEN beobachtet	☐	☐
NORDEN zu schätzen gelernt	☐	☐
geübt, mich wie ein NORDEN zu verhalten	☐	☐

Wie Sie den Persönlichkeits-Kompass verwenden, um Beziehungen zu SÜDEN zu verbessern

Lernen Sie, den «blinden Fleck» des SÜDENS zu verstehen

Wahrnehmungsübung: Stellen Sie sich hin, halten Sie Ihren Kopf ruhig und blicken Sie geradeaus. Bewegen Sie Ihre Augen so weit wie möglich nach links und rechts und beobachten Sie, was in Ihrem Blickfeld liegt. Was sich außerhalb Ihres Blickfelds befindet, ist vorhanden, aber Sie können es nicht sehen.

Auch die menschliche Natur besitzt «blinde Flecken». Sie können bei anderen Dinge erkennen, die diese Menschen an sich selbst nicht wahrnehmen – und andere können bei Ihnen etwas erkennen, das Sie selbst nicht sehen. Der weitverbreitetste «blinde Fleck» eines SÜDENS, der ihm und anderen Probleme verursachen kann, ist die Tatsache, dass er seinen engsten Bezugspersonen oberste Priorität beimisst. Die meisten SÜDEN erkennen nicht, dass sie von anderen Menschen abhängig sind, doch im tiefsten Inneren ihres Wesens sind sie es.

Die Unsicherheit eines SÜDENS kann einer Beziehung schaden

Kai begriff nicht, wie seine Frau Karla dem Eheberater erklären konnte, dass seine innige Liebe zu ihr zu den größten Problemen ihrer Ehe zähle. Wie war so etwas möglich? Selbstverständlich wollte er so viel Zeit wie möglich mit Karla verbringen – er liebte sie über alles und war gern mit ihr zusammen. Wie konnte sie behaupten, sie fühle sich erdrückt und gefangen? Wenn Karla ihn so stark liebte, wie sie sagte, warum brauchte sie ihn dann nicht ebenso sehr wie er sie? Und warum ärgerte sie sich, wenn er sie ständig nach ihrer Meinung fragte, als sei dies ein Zeichen von Schwäche?

Wahrnehmung – die Ursache der meisten Probleme
Karlas Wahrnehmung

- Karla liebt Kai und ist gern mit ihm zusammen, aber sie verbringt auch gerne etwas Zeit allein oder mit ihren Freunden.
- Karla respektiert die Tatsache, dass Kai sie liebt und mit ihr Zeit verbringen möchte, aber jede freie Minute ist ihr einfach zu viel.
- Karla wünscht sich, dass Kai ihr mehr Raum lässt und Möglichkeiten findet, sich auch dann zu beschäftigen, wenn sie nicht anwesend ist.

Kais Wahrnehmung

- Kai liebt Karla und braucht keinen anderen Menschen in seinem Leben. Daher ist es für ihn schwer zu verstehen, warum er Karla nicht genügt.
- Kai respektiert Karlas Gefühle, aber es verletzt ihn, dass sie so empfindet. Er möchte keine Belastung für sie sein. Was auch kommen mag, er würde sie niemals als Belastung empfinden.
- Kai muss anerkennen, dass Karla ihn liebt und gerne Zeit mit ihm verbringt, darf aber nicht verletzt sein, wenn sie allein oder mit anderen sein will.

Lösungen: Geben und Nehmen

- Ein Kompromiss steht im Zentrum jeder Problemlösung.
- Karla und Kai müssen einander ihre Gefühle und Wünsche mitteilen und aushandeln, was sie voneinander anzunehmen bereit sind.
- Karla sollte erläutern, auf welche Weise sich Kais Wunsch, sie jeden Tag 24 Stunden um sich zu haben, auf beide negativ auswirkt.
- Kai sollte mehr eigene Interessen entwickeln, damit er nicht darauf

angewiesen ist, dass sein Glück ausschließlich von seiner Frau abhängt. Er sollte versuchen, intensive Stunden mit ihr zu verbringen und sie nicht ununterbrochen zu brauchen.

- Karla sollte sich bemühen, Kai wissen zu lassen, wie sehr sie ihn liebt, welche wichtige Rolle er in ihrem Leben spielt und wie oft sie an ihn denkt, wenn sie getrennt sind. Sie sollte ihm auch Vorschläge machen, wie er die Zeit ohne sie genießen könnte.

FRAGEN UND ANTWORTEN
ZUR PERSÖNLICHKEIT DES SÜDENS

Warum fällt es so manchem SÜDEN schwer, anderen seine ehrliche Meinung mitzuteilen? Und warum sagt er dem einen genau das Gegenteil dessen, was er dem anderen erzählte?

Da ein SÜDEN im Allgemeinen die Wünsche anderer erfüllen und Frieden stiften will, erzählt er den Menschen mitunter das, was sie seiner Ansicht nach gerne hören wollen. Möglicherweise will er ihre Gefühle nicht verletzen, indem er ihnen widerspricht, oder er will einfach keinen Konflikt heraufbeschwören. Nicht-SÜDEN könnten diese Neigung als Unaufrichtigkeit empfinden; ein SÜDEN betrachtet sein Verhalten jedoch niemals auf diese Weise. Seiner Ansicht nach hilft er anderen, sich wohl zu fühlen. Gleichzeitig schützt er sich vor Zurückweisungen, Ablehnung und Unannehmlichkeiten

Warum fällt es so manchem SÜDEN schwer, in einer Führungsposition (als Manager oder als Elternteil) seine Autorität zu behaupten?

Ein SÜDEN genießt eine Führungsposition nicht. Er zieht es vor, die Leitung einem anderen zu überlassen. Allerdings ist es nicht immer möglich, die Rolle des Chefs abzulehnen, etwa wenn er sich um eine Aufstiegschance bemüht oder die Verantwortung der Elternschaft übernimmt. Da ein SÜDEN gerne bei allen Menschen beliebt ist, lässt er anderen häufig ihren Willen und ordnet seine Bedürfnisse und Wünsche denen anderer unter. In einer Führungsposition könnte diese Nachgiebigkeit zu Problemen führen, wenn Menschen aus dem großzügigen und fürsorglichen Wesen des SÜDENS Vorteile zu ziehen versuchen. In dieser Situation muss er erkennen, dass er bei seinen Untergebenen bzw. Kindern nur dann an Wertschätzung und Respekt gewinnt, wenn er seine legitime Autorität behauptet.

Wie kann ein von Natur aus auf andere Menschen ausgerichteter SÜDEN seinen Mitmenschen gegenüber rücksichtslos handeln, indem er nicht hundertprozentig auf seine Aufgabe konzentriert bleibt und den Arbeitsprozess durch zahllose Gespräche verlangsamt?

Den meisten SÜDEN ist nicht bewusst, dass sie der Arbeit ausweichen oder den Arbeitsprozess behindern. Sie haben eine völlig andere Vorstellung von «viel Arbeit» als ein NORDEN oder ein OSTEN. Schnelligkeit stellt für die meisten SÜDEN kein erstrebenswertes Ziel dar. Wenn sie ihren Werten entsprechend handeln und persönliches Interesse an anderen zeigen, kann ihre Freundlichkeit von Nicht-SÜDEN als Hindernis bei der raschen Umsetzung von Zielen empfunden werden. Hierbei ist es wichtig anzumerken, dass SÜDEN, die während der Arbeitsstunden anderen ein warmes Lächeln oder ein freundliches Wort schenken und Gespräche in die Freizeit verlegen, am Arbeitsplatz weitaus beliebter sind als diejenigen, die sich bei der Arbeit allzu leicht ablenken lassen.

DAS WESEN DES WESTENS

DIE EINZIGARTIGKEIT DES WESTENS

Typischer WESTEN

- risikofreudig, abenteuerlustig
- schnell, energievoll
- visionär, unkonventionell
- innovativ, kreativ
- flexibel, in vielen Bereichen talentiert
- jongliert viele Aufgaben gleichzeitig, anpassungsfähig
- spontan, unkompliziert
- enthusiastisch, humorvoll
- freigeistig, vielseitig
- ideenorientiert, verträumt

Extremer WESTEN

- immer zu Späßen aufgelegt
- fehleranfällig, impulsiv
- unkonzentriert, zerstreut
- unfähig, etwas zu Ende zu bringen, flatterhaft
- undiszipliniert, achtlos
- unpünktlich, verantwortungslos
- frivol, wild und verrückt
- übertrieben, ungenau
- oberflächlich, ausweichend
- liebt die Gefahr

Der WESTEN auf einen Blick

«WESTEN sind schöpferisch»
- **Motto:** Der WESTEN erweitert Horizonte
- **Symbol:** Vogel über dem Meer
- **Größte Stärke:** Kreativität
- **Grundlegende Schwäche:** unorganisiert
- **Grundlegende Begabung:** sieht das große Ganze
- **Priorität:** Methoden
- **Motivation:** Freiheit
- **Größtes Ärgernis:** Regeln
- **Arbeits- und Spielstil:** anpassungsfähig
- **Größte berufliche Fähigkeit:** viele Aufgaben koordinieren
- **Gangart:** schnell und geschmeidig
- **Persönlichkeitsbild:** originell

Ein typischer WESTEN

Pablo Picasso wird nachgesagt, behauptet zu haben, dass er während der Arbeit seinen Körper vor der Tür abstreife, wie Moslems sich ihrer Schuhe entledigen, bevor sie eine Moschee betreten. Er lasse so die physische Begrenzung hinter sich, sodass reine Energie ohne Blockaden oder Einschränkungen von seinem Bewusstsein auf die Leinwand überfließen könne.

Zehn Stärken des WESTENS

Ein typischer WESTEN kann folgende Eigenschaften aufweisen:

1. Kreativität
2. Innovationsgeist
3. Flexibilität
4. Weitblick
5. Offenheit
6. Ideen
7. Begeisterung
8. Motivation
9. Anpassungsfähigkeit
10. Neugier

Ein Westen kann Druck standhalten

Alexander ist stellvertretender Küchenchef in einem großen Stadthotel. Auch wenn es im Restaurant hektisch zugeht und die eine oder andere Krise eintritt, bleibt er ruhig, kühl und gesammelt. Er kann ein Dutzend verschiedene Mahlzeiten gleichzeitig zubereiten, ohne in Panik zu geraten, sich blitzschnell von einem Arbeitsgang zum anderen bewegen und dennoch jedes Menü so ästhetisch anrichten, dass die Gaumenfreude durch den Anblick gesteigert wird. Auf die Frage, wie er dieses rasante Tempo und den Druck ertrage, antwortet er: «Was nützt es, wenn ich mich sorge? Ich genieße einfach, was immer auch geschieht.»

WESTEN in Teams

Wie WESTEN ein Team anspornen

Die meisten WESTEN helfen einem Team, indem sie:

- seine Anpassungsfähigkeit entwickeln
- die Teamspieler motivieren, notwendige Strategiewechsel zuzulassen
- die Begeisterung der Einzelspieler und des Teams steigern
- die Kreativität im Team fördern
- das Team zu Weitblick ermuntern
- die Einzelspieler in ein Team wandeln, das Risiken auf sich nimmt
- die Anpassungsfähigkeit der Einzelspieler steigern, um das Ziel des Teams zu erreichen
- die Teamenergie insgesamt steigern
- ihr Team anregen, vom Erfolg zu träumen
- Kopf und Kragen riskieren, um das Team zum Erfolg zu führen

Wann die Führungsqualitäten des WESTENS am besten zum Tragen kommen

Der zwanglose Führungsstil des WESTENS zeigt die stärkste Wirkung, wenn:

- unselbständige oder unerfahrene Einzelpersonen oder Teams die Freiheit benötigen zu tun, was sie wollen, wann sie es wollen und wie sie es wollen;
- freie, kreative Einzelpersonen oder Teams mit so wenigen Einschränkungen als möglich und einem Leiter «auf Abruf» ihren eigenen Vorstellungen und Instinkten folgen möchten.

Zehn Nachteile eines WESTENS

Extreme WESTEN können folgende Eigenschaften aufweisen:
1. Organisationsmangel
2. Unordentlichkeit
3. Widerspenstigkeit
4. Unberechenbarkeit
5. Verantwortungslosigkeit
6. Tollkühnheit
7. Unachtsamkeit
8. Langeweile
9. Impulsivität
10. Exzentrizität

Ein WESTEN kann Risiken eingehen

An einem schlechten Tag ist Kurt ein rücksichtsloser Unternehmer, der in der Erwartung auf den großen Jackpot mit dem Geld anderer spielt. Er ist bereit, gewaltige Schulden oder körperlichen Schaden auf sich zu nehmen, in der Hoffnung, dass dies sein Glückstag ist. Er vertraut lediglich seinem Instinkt und handelt aus dem Bauch heraus, wobei er schnell Geld machen will oder ein Problem unzulänglich löst.

Vom Problem zur Lösung

- *Organisationsmangel* und *Unordentlichkeit* des WESTENS können zu einer ungezwungenen Atmosphäre beitragen. Wenn ein Umfeld angespannt ist, kann ein WESTEN die Stimmung lockern, da er keinen Wert auf Äußerlichkeiten oder Protokolle legt.
- *Widerspenstigkeit* und *Unberechenbarkeit* des WESTENS können mitunter zu Innovationen führen. Wenn der Status quo zur Routine geworden ist und Energie und Innovationsgeist lähmt, kann ein WESTEN starre Muster abwerfen und neue Lösungen finden.
- *Verantwortungslosigkeit* und *Tollkühnheit* des WESTENS können das Schöpferische in anderen anregen. Wenn ein WESTEN plötzlich etwas nicht weiterverfolgt, können andere gezwungen sein, diesen Mangel zu kompensieren, indem sie über sich hinauswachsen und einen neuen Zugang schaffen.
- die *Unaufmerksamkeit* und das *Sich-gelangweilt-Zeigen* des WESTENS können gut sein, wenn es wichtig ist, kühl zu bleiben und nicht zu starkes Interesse zu zeigen. Das Charisma von Distanziertheit und Emotionslosigkeit mag genau das sein, was ein Mensch in einer schwierigen Situation braucht, um sich von seinen inneren Verstrickungen zu lösen.
- *Impulsivität* und *Exzentrizität* des WESTENS können Barrieren niederreißen und benötigte Veränderungen in Gang setzen.
  Während andere immer wieder die Wassertemperatur prüfen, ohne sich weiterzuwagen, taucht der WESTEN einfach in die Fluten ein und schwimmt mit der Strömung.

DIE UNTERSCHIEDE ZWISCHEN WEST-NORDEN UND WEST-SÜDEN

Die Parallele, die der Persönlichkeits-Kompass zwischen den Kulturen des Nordens, Ostens, Südens und Westens und den vier Grundtypen aufzeigt, erleichtert es Ihnen, die natürlichen Eigenschaften und Fähigkeiten von Menschen innerhalb ihrer dominanten «Himmelsrichtung» zu bestimmen und sich einzuprägen. WESTEN besitzen Eigenschaften, die denen westlicher Kulturen ähneln. Wir können viel mehr über sie erfahren, wenn wir neben ihrer dominanten WEST-Richtung auch ihre subdominante Wesensart berücksichtigen.

Anton und Johanna: Übereinstimmungen und Unterschiede

Anton, dominanter WESTEN und subdominanter NORDEN, hat überwiegend Eigenschaften, die mit westlichen Kulturen übereinstimmen, gefolgt von Merkmalen, die er mit nördlichen Kulturen teilt. Johanna hat als dominanter WESTEN und subdominanter SÜDEN aufgrund ihrer übereinstimmenden WEST-Eigenschaften vieles mit Anton gemeinsam. Da ihre subdominanten Wesensarten jedoch entgegengesetzt sind, unterscheiden sie sich auch in vielerlei Hinsicht.

Nun wissen wir, dass das dominante und subdominante Wesen einerseits einen bedeutenden Einfluss auf die Art der Aufgaben ausüben kann, die einen Menschen anziehen, und andererseits auf die erforderlichen Fähigkeiten, um die Aufgaben gut zu erledigen. Anton ist als WEST-NORDEN flexibel, kreativ, energisch, bestimmt und schnell. Johanna ist als WEST-SÜDEN flexibel, kreativ, freundlich, fürsorglich und kooperativ. Obwohl sie in ihrer dominanten WEST-Richtung übereinstimmen, besitzen sie verschiedene Interessen und Talente und sind für unterschiedliche Aufgaben gut geeignet.

Der WEST-NORDEN

flexibel • kreativ • energisch • bestimmt • schnell

Der WEST-SÜDEN

flexibel • kreativ • freundlich • fürsorglich • kooperativ

SO ERKENNEN SIE EINEN WESTEN
AN SEINEM VERHALTEN

Zwanzig oder mehr Kreuze (X) verweisen auf eine stark ausgeprägte WEST-
Wesensart.

WESTEN verhalten sich im Allgemeinen folgendermaßen: Sie ...

☐ empfinden sich als andersartig und individualistisch
☐ kümmern sich wenig um Äußerlichkeiten und das Protokoll
☐ kommen ohne Erklärung häufig zu spät oder erscheinen gar nicht
☐ tragen unkonventionelle Kleidung und Accessoires
☐ erledigen Dinge so schnell, dass sie für Missgeschicke anfällig sind
☐ zeigen ein sorgloses Benehmen
☐ wirken leicht abwesend
☐ strahlen viel Energie und Begeisterung aus
☐ fallen durch ihre Einzigartigkeit auf
☐ wechseln häufig und unerwartet das Thema
☐ fließen im eigenen Rhythmus
☐ sprechen, wann immer ihnen danach zumute ist
☐ interessieren sich wenig für die Ansichten anderer
☐ hassen es, sich mit Einzelheiten auseinander zu setzen
☐ können kaum stillsitzen
☐ sehen die großen Zusammenhänge
☐ jonglieren gleichzeitig mit zahlreichen Aufgaben
☐ lehnen sich gegen Vorschriften auf
☐ tun gerne das Unerwartete

- ☐ bleiben kühl und flexibel
- ☐ zeigen an einer Sache nur kurzzeitig Interesse
- ☐ meiden Zwänge und Verpflichtungen
- ☐ beginnen mehrere Projekte, ehe sie eines vollenden
- ☐ leben spontan
- ☐ sind stolz auf ihre Unberechenbarkeit
- ☐ setzen innovative Methoden als oberste Priorität
- ☐ motivieren andere, jeden Augenblick zu genießen
- ☐ lieben es, den Status quo zu verändern
- ☐ können große Mengen von Ideen produzieren
- ☐ passen sich Veränderungen leicht an
- ☐ benötigen Aufregung und Abenteuer
- ☐ ignorieren Nörgeln und Kritik
- ☐ sind stets locker und entspannt
- ☐ schätzen Phantasie, Kreativität und Spaß

Wie erkennen Sie ein WEST-Kind?

Ein typisches WEST-Kind handelt im Allgemeinen folgendermaßen: Es ...

- spielt gerne im Freien
- stört sich nicht daran, schmutzig, nass oder unordentlich zu sein
- findet kreative Anwendungsmöglichkeiten für gewöhnliche Gegenstände
- beweist im Spiel ungeheure Phantasie
- kann lustig und spitzbübisch sein
- wechselt rasch von einem Spielzeug zum nächsten
- nimmt gerne neue Herausforderungen an
- muss sich bewegen und Dinge erforschen können
- verändert die Regeln eines Spiels
- liebt die kreative und unterhaltsame Seite der Schule

In Susannes Augen funkelte ein besonderes Glitzern. Irgendwie sah sie inspiriert aus. Man konnte beinahe sehen, wie ihre Gehirnwindungen rotierten, wenn sie überlegte, wie sie jemand unerwartet einen Streich spielen konnte. Sie liebte ihre Wasserfarben und malte mit großem Vergnügen einen lavendelblauen Himmel mit einer rosa Sonne. In der siebten Klasse gewann sie bei der Wissenschaftsmesse mit ihrer verbesserten Version einer Mausefalle einen Preis. Für Susannes Phantasie schien es keine Grenzen zu geben.

**Ein extremes WEST-Kind handelt im Allgemeinen folgendermaßen:
Es ...**

- steht ständig etwas unter Stress
- besitzt die Gabe, immer wieder in Schwierigkeiten zu geraten
- tut ungeachtet aller Regeln, was es will
- verleiht der Wahrheit eine persönliche Note
- fordert sein Glück heraus
- stiftet aus purem Vergnügen Chaos und Verwirrung
- verliert fortwährend irgendetwas
- geht mitunter tollkühne Risiken ein
- kann einen etwas verdrehten Humor haben
- zeigt wenig Respekt für Pflichten

Kevin war kein schlimmer Junge, er hatte nur einfach diesen Ruf. Viele Eltern wollten nicht, dass ihre Kinder mit ihm spielten, da in Kevins Umfeld stets jemand verletzt wurde oder in Schwierigkeiten geriet. Es war nicht vorherzusehen, was er aushecken würde, und man konnte nicht darauf bauen, dass er das tat (oder nicht tat), was er versprach. Er schien immer die besten Absichten zu haben, doch dann ging einfach irgendetwas schief. In der Schule empfanden ihn seine Lehrer und Mitschüler gleichermaßen als Störung, auch wenn er sie oft zum Lachen brachte.

Ein WESTEN in verschiedenen Rollen

Als Schüler gilt für einen WESTEN im Allgemeinen Folgendes: Er ...

- blickt häufig aus dem Fenster und hängt Tagträumen nach
- findet immer wieder eine Ausrede, um den Raum zu verlassen
- gibt unordentliche, wenn auch gute, Unterlagen ab
- liefert die besten Ideen
- kritzelt beim Zuhören
- hat Schwierigkeiten, aufmerksam zu bleiben
- riskiert viel, indem er schwätzt und Zettel weiterreicht
- genießt es, der Klassenclown zu sein
- ist der Ansicht, dass Vorschriften gebrochen oder zumindest ignoriert werden müssen
- strahlt ungeheure Kreativität und Energie aus
- könnte an schönen Tagen die Schule schwänzen

Als Sportler gilt für einen WESTEN im Allgemeinen Folgendes: Er ...

- liebt das Spiel, egal, ob er gewinnt oder verliert
- besitzt zu wenig Disziplin, um in Spitzenform zu bleiben
- ist furchtlos und mutig
- hasst die Routine des Trainings
- passt sich leicht an unvorhergesehene Situationen an
- kann mühelos neue Strategien entwickeln
- lässt Fehler und Misserfolge rasch hinter sich
- spielt zum Vergnügen
- motiviert seine Teamkameraden, lockerer und entspannter zu werden
- betrachtet seine eigene Leistung mit Humor
- schöpft sein Potential möglicherweise nicht aus (was ihn nicht stört)

Als Führungsperson gilt für einen WESTEN im Allgemeinen Folgendes: Er ...

- bedient sich eines zwanglosen Führungsstils
- arbeitet mit seinen Visionen
- wird die notwendigen Risiken eingehen, um Ziele zu erreichen
- delegiert Aufgaben gut, verfolgt sie aber nicht weiter
- fördert eine informelle, unstrukturierte Atmosphäre
- hält zwanglose Sitzungen ab und beginnt oft verspätet
- lässt zu, dass Diskussionen vom Thema abweichen
- meidet Tagesordnung und Protokolle
- empfindet parlamentarische Verfahren als langweilig
- könnte unorganisiert und unkonzentriert sein
- wechselt häufig Richtung und Firmenpolitik
- führt innovative Methoden und neue Ideen ein

Als Freund, Ehemann/Ehefrau oder Elternteil gilt für einen WESTEN im Allgemeinen Folgendes: Er ...

- ist optimistisch und sein Optimismus wirkt ansteckend
- akzeptiert Menschen, wie sie sind, und erwartet von ihnen dasselbe
- findet kreative Lösungen für Probleme und Hindernisse
- liebt Überraschungen
- lässt es sich auch unter schwierigen Bedingungen gerne gut gehen
- ist stets von einer Aura der Begeisterung umgeben
- könnte Versprechen leisten, zu deren Einhaltung er sich nicht verpflichtet fühlt
- ist unberechenbar
- kann ohne Vorwarnung seine Meinung ändern
- hat grenzenlose Energie für Abenteuer und Spaß
- interpretiert Tatsachen auf seine Weise
- inspiriert andere, sich zu lösen und ihren Träumen zu folgen

Ein WESTEN in verschiedenen Situationen

**Zu Hause gilt für
einen WESTEN im Allgemeinen
Folgendes: Er …**

- schämt sich nicht für seine
  Unordentlichkeit
- verbringt viel Zeit beim Spielen
  mit seinen Kindern
- vergisst, den Wecker zu stellen
- verteilt seine Unterlagen überall
- ist offen für Überraschungsgäste
- könnte eine alte «Klapperkiste»
  fahren
- ist Mitglied zahlreicher Clubs
- lässt seinen Kindern viel Freiraum
- mäht den Rasen, wenn ihm
  danach zumute ist
- kümmert sich wenig um die
  Ansichten seiner Nachbarn
- isst und schläft nicht zu festen
  Zeiten
- verteilt überall «Kinderkunst»
  und Notizen

**Im sozialen Umfeld gilt für
einen WESTEN im Allgemeinen
Folgendes: Er …**

- ist der Mittelpunkt einer Party
- bevorzugt das Unerwartete,
  Seltsame und Abenteuerliche
- liebt es, sich vor Publikum zu
  präsentieren und andere zu unter-
  halten
- lernt einzigartige und interessante
  Menschen kennen
- probiert jede ungewöhnliche Speise
  oder Aktivität aus
- könnte zu Spielen mit Zuschauer-
  beteiligung auffordern
- zieht eine große Gruppe einem
  intimen Kreis vor
- genießt ungezwungene Ereignisse
  im Freien
- kann die unterschiedlichsten
  Personen gut zusammenbringen
- kann jedes Ereignis in eine Party
  verwandeln
- trägt gerne Kostüme oder seltsame
  Kleidung

Beim Vorstellungsgespräch gilt für einen WESTEN im Allgemeinen Folgendes: Er ...

- könnte ohne Erklärung zu spät kommen
- lässt durch seinen umherschweifenden Blick seine natürliche Neugier erkennen
- schüttelt energisch die Hand oder unterlässt es völlig
- erkundet die Umgebung, ehe er sich setzt
- wechselt oft das Thema
- hat Schwierigkeiten, Fragen direkt zu beantworten
- zeigt Interesse an kreativen Gelegenheiten
- trägt keine perfekte «Business-Kleidung»
- fragt nach Methoden und Arbeitsabläufen
- spricht über seine innovativen Ideen
- erscheint locker und entspannt, möglicherweise auch etwas nachlässig

Am Arbeitsplatz gilt für einen WESTEN im Allgemeinen Folgendes: Er ...

- arbeitet am besten in einer freien, flexiblen Umgebung
- zieht es vor, neue Projekte zu beginnen, als andere abzuschließen
- meidet, wenn möglich, detaillierte Schreibarbeit
- kann viele Jobs gleichzeitig erfüllen
- erledigt Aufgaben in unstrukturierter Reihenfolge
- erfindet neue Methoden und Verfahren
- benötigt die Gelegenheit, kreativ zu sein
- motiviert andere durch seine Begeisterung
- ist ein innovativer Problemlöser
- hat ungewöhnliche Ideen
- geht gern Risiken ein und mag Aufregung
- genießt es, etwas nur aus Freude an der Veränderung anders zu machen

Zitate, die einen typischen WESTEN beschreiben

«Leo Brinckmanns Architekturentwürfe sind sensationell. Ich habe nirgendwo Vergleichbares gesehen. Durch die unerwartete und unvorhersehbare Weise, in der er Perspektiven, Gewicht und Fläche einsetzt, scheinen diese der Schwerkraft zu trotzen. Auch wenn ich seine Bauwerke nicht als schön bezeichnen würde, sind sie zweifellos interessant und einzigartig. Niemand kann ihn beschuldigen, andere zu kopieren. Tatsächlich scheinen sich immer mehr Architekten freizügig bei ihm zu bedienen.»

Gunther C.

«Adrienne überrascht mich stets aufs Neue. Ich kannte sie als talentierte Malerin und Bildhauerin, hatte jedoch keine Ahnung, dass sie auch Bücher veröffentlicht, jedem Gourmetkoch Konkurrenz macht und vollendet Klavier spielt. Da stellt sich die Frage, woher sie die Zeit und Energie nimmt, um so viele Talente und Fähigkeiten zu entwickeln. Sie behauptet, nur widerwillig täglich Zeit zum Schlafen zu verwenden. Ich glaube, diese Einstellung erklärt alles.»

Alice E.

«Werner ist einer der besten Zeitungsmacher des Landes. Vor zwanzig Jahren gelang es ihm durch seinen Weitblick, das Ruder herumzureißen und seine Zeitung an die Spitze zurückzuführen. Wie er die Trends der Zukunft kennen konnte, werde ich nie verstehen. Doch er traf ins Schwarze. Irgendwie schien er zu wissen, wann eine Veränderung nötig war, und erwies sich als flexibel genug, sie durchzusetzen, noch bevor andere es wagten. Er hat nicht nur Nerven wie Drahtseile, sondern genießt es sogar, große Risiken einzugehen.»

Elmar S.

Zitate, die einen extremen WESTEN beschreiben

«Wenn Janina auf ihrer Harley fährt, weigert sie sich, einen Helm zu tragen. Wenn sie klettert, wählt sie den höchsten Gipfel und die steilsten Klippen. Sie taucht in Riffen und erforscht Höhlen ohne Seil. Angeblich liebt sie die Herausforderung, dem Tod zu trotzen, aber ich glaube, dass sie von einer morbiden Todessehnsucht angetrieben wird.»
Tina B.

«Schon als Kind war Judith eine Rebellin. Wenn man ihr auftrug, nach rechts zu gehen, wandte sie sich nach links. Sie war immer leicht an ihrem schmutzigen Gesicht oder ihrer zerrissenen Hose zu erkennen, während andere Mädchen Stunden damit verbrachten, ihr Haar zu richten, Make-up aufzulegen und ihre Kleidung auszuwählen. Ihre Eltern und Lehrer waren besorgt, weil sie ihr Potential erkannten, Judith aber nur daran interessiert zu sein schien, den Augenblick zu genießen.»
Ruth D.

«Wie sehr sich Oliver auch bemühte, er schien niemals zu denen zu passen, die ‹in› waren. In der Grundschule entsprachen weder seine Kleidung, seine Schuhe noch sein Haarschnitt, nicht einmal seine Schultasche dem Stil der Zeit. Im College ging er mit einer Clique von Künstlern aus, die wirklich bizarre Kleidung trugen und durch ihr in grellen Tönen gefärbtes Haar ihre Missachtung der gesellschaftlich akzeptieren ‹Normen› ausdrückten. Heute verwendet er seine Abneigung gegen die Regeln des Establishments als Ausrede dafür, dass er seine Träume nicht verwirklichte.»
Johann W.

WIE MOTIVIEREN SIE EINEN WESTEN ZUM ERFOLG?

Erklären Sie einem WESTEN, dass Sie eine neue und bessere Methode benötigen, und er wird augenblicklich eine erfinden. Sagen Sie ihm, dass Sie seine Vielseitigkeit und Kreativität bewundern, und er wird Sie mit seiner Fähigkeit überraschen, Dutzende von verschiedenen Aufgaben gleichzeitig zu erledigen, und zwar jede auf sechs verschiedene Arten. Teilen Sie einem WESTEN mit, dass Sie seine großartigen Ideen brauchen, und er wird Ihnen mit solcher Begeisterung unbeschränkte Möglichkeiten vorstellen, dass Sie sich mit ihm in seinen Träumen verlieren. Gewähren Sie einem WESTEN die Freiheit, alle Aufgaben auf seine Weise zu lösen, und er wird zweifellos geniale Ergebnisse liefern.

Was einen WESTEN anspornt

- Freiheit
- Flexibilität
- wenig Regeln
- Phantasie, Visionen
- Unberechenbarkeit
- Zwanglosigkeit
- der Reiz des Abenteuers
- experimentieren
- Ideen
- wenig Struktur
- Innovation
- Aufgeschlossenheit
- Spaß haben
- eine entspannte Atmosphäre
- ein zwangloser Führungsstil
- ständige Veränderungen
- Begeisterung
- Kreativität
- Individualität
- Weitblick
- Anpassungsfähigkeit
- Spontaneität
- Aufregung
- Risiken

Was einen WESTEN ärgert

Ein WESTEN ärgert sich über alles, was ihm langweilig oder gewöhnlich erscheint. Er hat wenig Toleranz für langwierige Einzelheiten oder den Ist-Zustand, insbesondere wenn sie den Fortschritt, das Wachstum oder den kreativen Prozess verlangsamen oder behindern. Es empfiehlt sich, einen WESTEN nicht durch eine Flut von Vorschriften einzuengen, denn er wird sich gegen sie auflehnen und sie in jedem Fall brechen. Gewähren Sie ihm viel Freiheit und Spielraum, und bieten Sie ihm oft die Gelegenheit, seinem erfinderischen Wesen Flügel zu verleihen. Beharren Sie nicht auf einer einzigen Antwort, Option oder Perspektive, denn sein Verstand findet zahlreiche Lösungen und ist kaum in der Lage, die Unendlichkeit auf einen einzigen Nenner zu reduzieren.

Was WESTEN nicht mögen

- Engstirnigkeit
- Routine
- Struktur
- Kritik
- Zeitpläne
- Bewegungslosigkeit
- Zwänge
- Stillstand
- Wiederholung
- Protokollführung
- Einschränkungen
- Langeweile
- konkrete Erwartungen
- Regeln
- Langwierigkeit
- eindimensionale Betrachtungsweise
- Listen
- Einzelheiten
- Formalitäten
- gemäßigtes Tempo

Was einen WESTEN begeistert

Ein WESTEN ist glücklich, wenn er...
- neue Ideen und Methoden entwickelt
- interessante Menschen trifft, die das Leben genießen
- täglich andere Aufgaben und Projekte erhält
- die Möglichkeit bekommt, viele verschiedene Optionen zu erkunden
- innovative Gedanken entwickelt
- Aufgaben frei und nach eigenem Zeitplan erledigen kann
- durch etwas Aufregendes herausgefordert wird, das seine Grenzen überschreitet
- mehrere Aktivitäten koordiniert
- seine Spontaneität und Flexibilität einsetzen kann, um eine rasche Veränderung herbeizuführen
- in einer geschäftigen, chaotischen und sogar lauten Umgebung arbeitet

Ein WESTEN schätzt es...
- neue Methoden für die Lösung eines Problems zu entdecken
- eine Aufgabe zu erledigen und sie sogleich zu vergessen
- schnell zu arbeiten und sich nicht um Perfektion zu kümmern
- Vorschriften und Richtlinien zu ignorieren, denen er nicht zustimmt
- Entscheidungen und Verpflichtungen so weit als möglich zu meiden
- anerkannte Maßstäbe und Verfahren herauszufordern
- die Menschen mit Unerwartetem zu überraschen
- sich kreativ hervorzuheben, statt praktisch zu sein
- seine Phantasie und schöpferischen Ideen zu verwirklichen
- in einer unstrukturierten Umgebung zu leben und zu arbeiten

Belohnung für einen WESTEN

Die unten angeführte Liste zeigt eine Auswahl von Dingen, die ein WESTEN als Belohnung empfindet. Sie lassen sich sowohl zu Hause als auch am Arbeitsplatz einsetzen, um die Leistung eines WESTENS zu steigern.

- die Umsetzung seiner kreativen Ideen
- einzigartige Erfindungen und Geräte
- avantgardistische Kunstwerke
- die Freiheit, Aufgaben zu wählen, die ihm zusagen
- Entbindung von der Verantwortung schwieriger Führungspositionen
- Karten für ein Musical, eine Komödie oder ein Konzert
- eine ungezwungene Überraschungsparty
- witzige Geschenke
- fröhliche Kleidung mit Logos
- eine Sportausrüstung nach Wahl
- flexible Arbeitszeiten
- Exkursionen oder Urlaub an aufregenden Orten
- die Gelegenheit zu neuen und interessanten Erfahrungen
- die Erlaubnis, Schreibarbeit zu minimieren
- Rätsel und schwierige Aufgaben jeder Art
- Gruppenspiele
- Geräte, die man selbst zusammenbauen muss
- Haustiere
- ein viertägiges Wochenende
- bequeme und originelle Accessoires

SO VERMEIDEN SIE ZUSAMMENSTÖSSE MIT EINEM WESTEN

Ein Zusammenstoß erfolgt, wenn unterschiedliche Menschen, Ideen oder Dinge miteinander in Kontakt kommen und Spannungen oder Konflikte erzeugen. Je größer die Unterschiedlichkeit, desto größer der Konflikt. Viele Zusammenstöße zwischen Personen werden durch das Setzen unterschiedlicher Prioritäten ausgelöst. Erinnern wir uns:

- ZIELE sind einem NORDEN wichtig
- TATSACHEN sind für einen OSTEN bedeutsam
- WERTE sind für einen SÜDEN essentiell
- METHODEN sind für einem WESTEN maßgeblich

Die häufigsten Konflikte beziehen sich auf das, was einem Menschen von Natur aus besonders viel bedeutet. Zwei WESTEN könnten wegen unterschiedlicher Methoden aufeinander prallen. Ein WESTEN und ein NORDEN könnten wegen einander widersprechender Methoden und Ziele in Streit geraten. Ein WESTEN und ein OSTEN könnten wegen eines Konflikts zwischen Methoden und Tatsachen streiten und ein WESTEN und ein SÜDEN aufgrund von unvereinbaren Methoden und Werten.

Konflikte zwischen Gegensätzen

WESTEN	**OSTEN**
auf Ideen konzentriert	auf Tatsachen konzentriert
innovativ	traditionell
veränderlich	strukturiert
zwangloser Führungsstil	strenger Führungsstil
liberal und risikobereit	konservativ und planvoll
kreativer Visionär	analytischer Pragmatiker
bricht Regeln	befolgt Regeln
schnell/flexibel	gemäßigt/schrittweise

Wie Sie Konflikte mit einem WESTEN vermeiden

- Probieren Sie neue Methoden aus
- Vermeiden Sie Engstirnigkeit
- Bleiben Sie gelassen
- Lassen Sie ihm seine Freiheit
- Schätzen Sie seine Ideen
- Minimieren Sie Wiederholungen
- Bieten Sie Alternativen
- Geben Sie ihm Handlungsspielraum
- Zeigen Sie Flexibilität
- Erforschen Sie Neues
- Lassen Sie sich auf aufregende Ereignisse ein
- Ziehen Sie mehrere Lösungen in Erwägung
- Gehen Sie Risiken ein
- Stimmen Sie Veränderungen zu
- Kritisieren Sie nicht so viel
- Seien Sie erfinderisch
- Übersehen Sie Einzelheiten
- Akzeptieren Sie Chaos
- Spüren Sie das Energievolle auch in sich
- Teilen Sie seine Träume
- Beweisen Sie Phantasie
- Haben Sie Spaß
- Zeigen Sie Neugier
- Entwickeln Sie Kreativität
- Vermeiden Sie Langeweile
- Genießen Sie das leichte Leben
- Streben Sie nach Einzigartigkeit
- Seien Sie enthusiastisch
- Albern Sie herum
- Träumen Sie
- Suchen Sie das Abenteuer

Ratschläge für das Zusammenleben und -arbeiten mit einem WESTEN

Was Sie tun sollten

- Seien Sie offen für die Ideen eines WESTENS
- Erkennen Sie sein Bedürfnis nach Flexibilität an
- Helfen Sie ihm, sich energievoll und motiviert zu fühlen
- Machen Sie ihm Komplimente für seine Kreativität und seinen Weitblick
- Erkennen Sie seinen Erfindungsgeist an
- Ermutigen Sie ihn, sich zu sammeln
- Lassen Sie ihm die Freiheit, Aufgaben auf seine Weise zu erledigen
- Helfen Sie ihm, offene Angelegenheiten zu ordnen
- Zeigen Sie Toleranz für seine Rastlosigkeit
- Halten Sie Schritt mit seinem Bedürfnis nach häufiger Veränderung

Geben Sie einem WESTEN, was er benötigt

Als Erstes stellte Yolanda in ihrem neuen Büro die Möbel um, sodass sie von ihrem Schreibtisch aus dem Fenster schauen konnte. Sie dekorierte die Wände mit farbenprächtigen Postern und interessanten Bildern, platzierte zwischen den Büchern im Regal ungewöhnliche Skulpturen und handgemalte Schalen und kaufte Pflanzen und Überwürfe. Besonders gut an ihrer neuen Stellung gefiel ihr, dass sie mit Zustimmung ihres Vorgesetzten ihre Arbeitszeit von 8 bis 17 Uhr auf 9 bis 18 Uhr verlegen durfte. So konnte sie ihren Sohn zur Schule bringen und nach seinem Hockeytraining abholen.

Was Sie vermeiden sollten

- Lassen Sie einen WESTEN nicht warten
- Erwarten Sie von ihm keine Ordentlichkeit
- Seien Sie nicht zu fürsorglich mit ihm
- Hindern Sie ihn nicht, Risiken einzugehen
- Fordern Sie ihn nicht öffentlich heraus (er würde darauf eingehen!)
- Beklagen Sie sich in seiner Anwesenheit nicht über Veränderungen
- Zeigen Sie keine übertriebene Vorsicht oder Unentschlossenheit
- Streiten Sie nicht mit ihm – zeigen Sie Humor
- Sprechen Sie nicht zu lange über ein Thema oder Projekt
- Verlangen Sie von ihm nicht, dass er vorgegebenen Zeitplänen folgt

Versuchen Sie nicht, den «wilden WESTEN» zu zähmen

Sich zu binden fiel Dennis schwer. Er fürchtete sich davor, in der Falle täglicher Routine gefangen zu sein und sich dazu verpflichtet zu fühlen, tun zu müssen, was man von ihm erwartete. Er wollte lieber nach dem eigenen Rhythmus leben. Vielleicht war das der Grund, warum er schließlich doch über eine Heirat mit Marianna nachdachte. Sie versuchte nicht, ihn zu verändern. Sie ermutigte ihn sogar, zu klettern, an Sandbahnrennen teilzunehmen und zu den aufregendsten Skihängen rund um die Welt zu reisen. Wenn es ihr möglich war, ihn zu begleiten, tat sie es – und wenn es sich nicht einrichten ließ, hielt sie ihn nicht zurück. Vielleicht würde diese Beziehung tatsächlich funktionieren.

Die besten Chancen für eine Übereinstimmung mit einem WESTEN

Ehepartner, Kinder, Freunde, Vorgesetzte und Mitarbeiter von WESTEN, aufgepasst! Ein Übereinstimmungstest wird Ihnen helfen herauszufinden, wer sich am besten mit WESTEN verträgt.

Die auf dem Persönlichkeits-Kompass an den WESTEN grenzenden Persönlichkeitstypen (NORDEN und SÜDEN) besitzen naturgemäß die besten Voraussetzungen für eine Übereinstimmung mit einem WESTEN. Der höchste Grad an Verträglichkeit tritt üblicherweise dann auf, wenn sowohl die dominante als auch die subdominante Wesensart auf dem Kompass direkt an den WESTEN angrenzen.

Verträglichkeit

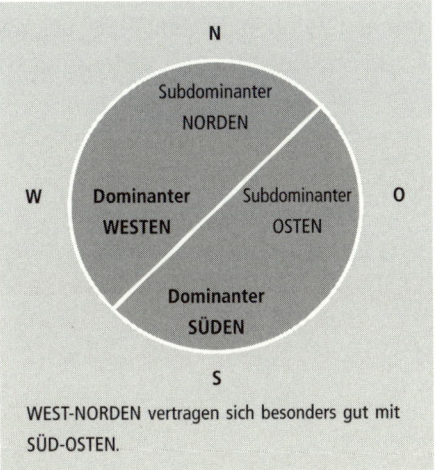

WEST-NORDEN vertragen sich besonders gut mit SÜD-OSTEN.

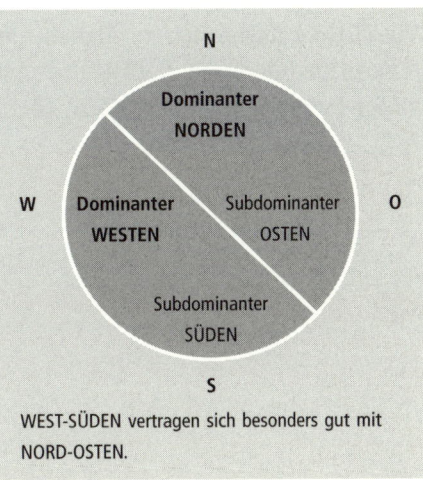

WEST-SÜDEN vertragen sich besonders gut mit NORD-OSTEN.

241

Profitieren Sie von Ihrer Übereinstimmung mit einem WESTEN

1. WEST-NORDEN und SÜD-OSTEN ergänzen einander, wobei sich ihre Eigenschaften und Fähigkeiten so verbinden, dass ausgeglichene Einzelpersonen und Teams entstehen.
2. WEST-SÜDEN und NORD-OSTEN arbeiten ebenfalls produktiv zusammen, da sich ihre Wesenszüge unterscheiden, aber einander nicht widersprechen, und sie sich auf diese Weise gegenseitig bereichern.

WESTEN vertragen sich im Allgemeinen schlecht mit dominanten OSTEN, da sich ihre Wesenszüge widersprechen und sie wenig Gemeinsamkeiten aufweisen – außer es handelt sich um sehr ausgeglichene Personen.

WESTEN vertragen sich im Allgemeinen mit anderen dominanten WESTEN, da sie ähnliche Interessen und Qualitäten besitzen. Sie benötigen aber andere Typen, um ihr Potential voll entfalten zu können.

Tipps für WESTEN zu einem besseren Zusammenleben mit anderen

Kreuzen Sie das jeweilige Kästchen an, sobald Sie diese Fähigkeit erworben haben.

- ☐ Konzentrieren Sie sich auf unmittelbar vor Ihnen liegende Aufgaben
- ☐ Achten Sie auf wichtige Einzelheiten
- ☐ Planen Sie voraus
- ☐ Vermeiden Sie Organisationsmangel und Unordnung
- ☐ Kleiden Sie sich angemessen
- ☐ Tun Sie, was Sie versprochen haben
- ☐ Bemühen Sie sich um weniger Fehler bei der Arbeit
- ☐ Entwickeln Sie eine ernsthaftere Arbeitsethik
- ☐ Bewegen Sie sich logisch von einem Thema zum nächsten
- ☐ Vollenden Sie, was Sie beginnen
- ☐ Setzen Sie Ihre Träume um
- ☐ Schenken Sie der Welt um sich mehr Achtsamkeit
- ☐ Halten Sie sich an wichtige Regeln
- ☐ Erkennen Sie Tatsachen und nicht ausschließlich kreative Ideen an
- ☐ Seien Sie fröhlich statt «aufgedreht»
- ☐ Erkennen Sie an, dass «neu» und «andersartig» nicht immer besser ist
- ☐ Steigern Sie Ihre Präzision im Beruf
- ☐ Erfüllen Sie anerkannte Maßstäbe
- ☐ Schaffen Sie sich in verstärktem Maß Strukturen, wenn dies erforderlich ist
- ☐ Lernen Sie, das Banale ebenso zu schätzen wie das Aufregende

- [ ] Halten Sie sich von bizarren und verrückten Extremen fern
- [ ] Zeigen Sie mehr Interesse für die Gedanken und Gefühle anderer
- [ ] Nehmen Sie sich Zeit, Vor- und Nachteile abzuwägen
- [ ] Vermeiden Sie Veränderungen nur um der Veränderung willen
- [ ] Üben Sie, professionell zu handeln und sich angemessen zu kleiden
- [ ] Erfüllen Sie Erwartungen und übernehmen Sie Verantwortung
- [ ] Respektieren Sie Traditionen
- [ ] Gehen Sie keine gefährlichen Risiken ein
- [ ] Kommen Sie zur Ruhe und lernen Sie, anderen zu vertrauen
- [ ] Seien Sie sowohl praktisch als auch erfinderisch
- [ ] Spotten Sie weniger darüber, wie Gegebenheiten sind
- [ ] Befolgen Sie Anweisungen sorgfältig

Hier ist Achtsamkeit geboten!

Wenn Menschen oder Ereignisse Sie zum Wahnsinn treiben, Sie sich langweilen, sich rastlos und eingeengt fühlen, wenn Sie alles fallen lassen und weglaufen wollen, halten Sie inne! Viele WESTEN glauben, dass ihre auf den Moment ausgerichtete Sehnsucht nach Abenteuer auch dem Leben anderer eine aufregende Note verleiht. Dieses Verhalten kann jedoch von anderen für mangelndes Verantwortungsgefühl gehalten werden.

DER RICHTIGE BERUF FÜR EINEN WESTEN

Geeignete Berufe und Tätigkeiten für einen WESTEN

- Veranstaltungsleiter
- Architekt
- Stadtplaner
- Schriftsteller
- Drehbuchautor
- Künstler
- Bauunternehmer
- Werbefachmann
- Designer
- Immobilienmakler
- Vorstand einer Gesellschaft
- Landschaftsgestalter
- Forscher
- Reiseleiter

Zur Erinnerung

Sie benötigen einen WESTEN am Arbeitsplatz, wenn Sie ...

- kreative Ideen und ein Multi-Talent brauchen
- vielseitige und anpassungsfähige Menschen bevorzugen
- einen innovativen und unkonventionellen Denker suchen
- einen Freigeist im Team haben wollen, der zu Risiken bereit ist
- rasche Veränderungen durchführen oder koordinieren müssen

Feinabstimmung für den Beruf

Herbert, ein dominanter WESTEN und subdominanter NORDEN, ist ein ausgezeichneter Werbefachmann. Er kann innovative Ideen mit Kreativität und Weitblick verbinden, schnell arbeiten und Termine einhalten. Zudem besitzt er das Selbstbewusstsein und die Entschlossenheit, Verantwortung zu übernehmen und Kunden von seinen Vorstellungen zu überzeugen.

Patrizia ist ein dominanter WESTEN und subdominanter SÜDEN. Sie eignet sich gut als Immobilienmaklerin, da sie flexible Arbeitszeiten und einen freien Lebensstil schätzt und zudem bemüht ist, die Bedürfnisse ihrer Kunden zufrieden zu stellen. Sie nimmt sich immer viel Zeit und hilft mittels langer Gespräche gerne Entscheidungen zu treffen.

Jobs für WEST-NORDEN

- Veranstaltungsleiter – jongliert mit vielen Aufgaben (W), Führungsqualitäten (N)
- Werbefachmann – innovativ (W), wettbewerbsorientiert (N)
- Stadtplaner – visionär (W), selbstmotivierend (N)
- Architekt – Träumer (W), zielgerichtet (N)

Jobs für WEST-SÜDEN

- Schriftsteller – unabhängig (W), empfindsam (S)
- Drehbuchautor – auf Ideen konzentriert (W), kommunikativ (S)
- Künstler – kreativ (W), introspektiv (S)
- Landschaftsgestalter – sieht viele Optionen (W), geht gern auf die Wünsche anderer ein (S)

Wieso sich WESTEN hervorragend als Angestellte eignen

Ein WESTEN hat das Bedürfnis, anerkannte Grenzen zu überschreiten, denn er erträgt weder Stagnation noch Bewegungslosigkeit. Wenn er kreativ tätig ist, scheint er mitunter in seiner eigenen Welt zu versinken und andere Menschen völlig zu vergessen. Im nächsten Augenblick kann er jedoch seine Haltung wechseln und sich in einen strahlenden Hoffnungsschimmer für andere wandeln. Er funktioniert inmitten von Chaos und Verwirrung besser als jeder andere Typ. Er geht von Natur aus gerne Risiken ein und ist überglücklich, wenn er Methoden verbessern oder Veränderungen herbeiführen kann, die die Weichen neu stellen.

Ein WESTEN kann eine Krise durchstehen

Karla war Koordinatorin einer neuen Kunstgalerie. Sie sollte in knapp zwei Stunden die große Eröffnungsfeier leiten. Der Lebensmittellieferant gab in letzter Minute Änderungen zum Menü durch, die gelieferten Blumenarrangements waren nicht die von ihr bestellten, statt der angeheuerten Jazz-Combo erschien – aufgrund eines Notfalls – ein Wander-Geigenspieler. Zu allem Überfluss riss sie sich ein Loch in die Bluse und hatte nicht die Zeit zum Umkleiden. Dennoch blieb sie ruhig und löste mit ein paar kurzen Telefonaten rasch die dringlichsten Probleme. Als die ersten Gäste eintrafen, hätte niemand vermutet, dass es eine Krise gegeben hatte.

Ein WESTEN liebt die Herausforderung

Der Künstler Ken ging mit seinen zeitgenössischen Malereien von hungernden Kindern für die Welthunger-Kampagne bis an die Grenzen des Erlaubten. Seine Arbeit erinnerte auf kühne Weise an den Schrecken des Hungers und verwies mit nicht gerade feinsinnigem Symbolismus auf die ungeborenen Kinder der Zukunft, denen dasselbe Schicksal drohte, sofern sich die Situation nicht änderte.

Ein WESTEN geht nicht gern auf Nummer sicher

Julia, Außenberichterstatterin einer großen Nachrichtenagentur, genoss den Nervenkitzel, die Welt auf der Suche nach Stories zu bereisen. Ihr Einsatzgebiet erstreckte sich von den Schlachtfeldern eines Krieges bis zu den Tiefen einer dunklen Höhle während einer Rettungsmission. Wenn Julia morgens erwachte, wusste sie nie, was der Tag bringen würde. Wüsste sie es, wäre es Zeit, den Beruf zu wechseln.

Ein WESTEN kann Risiken eingehen

Zorra wollte seit langem ein eigenes Inneneinrichtungsgeschäft eröffnen, doch ihre Familie und ihre Freunde hatten ihr stets abgeraten, indem sie auf alle denkbaren Hindernisse hinwiesen. Eines Tages entschloss sie sich, den Schritt zu wagen. Sie erkannte, dass die Stadt wuchs und kein anderes Inneneinrichtungsgeschäft die von den neuen Büros und Wohnhäusern benötigten Dienstleistungen befriedigen würde. So überzeugte sie die Bank, ihr einen Kredit zu gewähren, und eröffnete ihren ersten Laden. Zehn Jahre später hatte sie insgesamt sechs Filialen.

Die drei wichtigsten Fragen und Antworten, wenn Sie einen WESTEN für einen WEST-Job einstellen wollen

1. «Erzählen Sie von sich.»

Ein WESTEN spricht im Allgemeinen gerne über seine aufregenden, innovativen Ideen und könnte daher etwa Folgendes erwähnen:

- von ihm angewandte neue Ansätze
- von ihm entdeckte einzigartige Methoden
- kreative Problemlösungen
- seine Vision von unbegrenzten Möglichkeiten
- von ihm eingegangene, gewinnträchtige Risiken
- das weite Spektrum von ihm bearbeiteter Projekte
- Veränderungen, die die Zukunft der Menschen bessern könnten
- wie er sich seine Zukunft im Großen und Ganzen vorstellt

2. «Was interessiert Sie an unserem Unternehmen (oder dem ausgeschriebenen Job)?»

Das Interesse eines WESTENS wird häufig durch Folgendes geweckt:

- innovative Unternehmensstrategien und -methoden
- die Freiheit, neue Ideen auszuprobieren
- die Gelegenheit zu kreativem Schaffen
- eine unstrukturierte Arbeitsumgebung
- flexible Zeiteinteilung und Projekte
- teilnehmen an einem Veränderungsprozess
- einzigartige Menschen, Produkte oder Dienstleistungen
- zwanglose Kleidungsvorschriften

3.   «Warum sollten wir Sie einstellen?»

Ein WESTEN beschreibt seine Stärken im Beruf häufig folgendermaßen:

- Er besitzt eine Vielzahl kreativer Talente
- Er löst Probleme auf innovative Weise
- Er koordiniert mehrere Projekte gleichzeitig
- Er sieht das große Ganze aus verschiedenen Blickwinkeln
- Er ist bereit, Risiken einzugehen
- Er kann ohne Überwachung arbeiten (lehnt sie sogar ab)
- Er schätzt an Menschen und Projekten ihre Verschiedenartigkeit
- Er genießt Chaos, Verwirrung und schnelles Handeln

SO SETZEN SIE DEN PERSÖNLICHKEITS-KOMPASS EIN, WENN SIE EIN WESTEN SIND

(dominant oder subdominant)

Der Persönlichkeits-Kompass ist ein Werkzeug, das die Komplexität des menschlichen Verhaltens vereinfacht, damit Sie sich und die Menschen in Ihrer Umgebung besser verstehen. Zudem bietet er praktische Übungen zur Verbesserung Ihrer persönlichen Fähigkeiten; die Übungen können gut ins tägliche Leben integriert werden. Sie können dieses Handbuch für drei spezifische Ziele einsetzen.

Nutzen Sie den Persönlichkeits-Kompass, um Ergebnisse zu erzielen

- Entwickeln Sie in sich ein gut ausgewogenes Gleichgewicht von Eigenschaften und Fähigkeiten zur Steigerung Ihrer Selbstachtung.
- Wandeln Sie sich in einen auf andere ausgerichteten Gesprächspartner und bereichern Sie Ihre persönlichen und beruflichen Beziehungen.
- Erweitern und vertiefen Sie Ihre Fähigkeiten und vergrößern Sie so Ihren Erfolg am Arbeitsplatz und im Privatleben.

Nutzen Sie den Kompass, um Ihre WEST-Eigenschaften zu verbessern

Was Sie als WESTEN tun müssen

Ein WESTEN muss lernen, wie ein OSTEN zu denken und zu handeln:

- um sein inneres Gleichgewicht zu finden
- im Gespräch mit einem OSTEN
- in Situationen, Jobs und Aufgaben, die die Eigenschaften und Fähigkeiten eines OSTENS erfordern

Ein WESTEN muss wissen, welchen Nutzen es ihm bringt, wie ein OSTEN zu denken und zu handeln:

- Sie werden Ihre analytischen Denkfähigkeiten steigern
- Sie werden produktiver und leistungsstärker
- Sie werden ausgeglichener
- Sie werden lernen, Ihre Schwächen zu schätzen und zu entwickeln
- Sie werden Ihre Bequemlichkeit überwinden und wachsen
- Sie werden durch Ihre Leistungssteigerung an Selbstachtung und Macht gewinnen

Denken Sie über die Wesenszüge eines OSTENS nach:

- Ein OSTEN denkt logisch, auf Fakten konzentriert, analytisch
- Er ist achtsam, methodisch und strukturiert
- Er strebt von Natur aus nach höchster Qualität
- Er liebt detaillierte Planung

- Er meidet Lärm und Chaos
- Er ist ordentlich, verantwortungsbewusst und prüft seine Vorgehensweise
- Er vermeidet Fehler oder das Protokoll zu verletzen

Wie ein WESTEN lernt, in der Art eines OSTENS zu handeln

1. Schritt   Lesen Sie Kapitel 4 dieses Buches aufmerksam durch.

2. Schritt   Denken Sie an Ihnen bekannte OSTEN und fragen Sie sich, was diese sagen oder tun würden.

3. Schritt   Bemühen Sie sich, wie ein dominanter OSTEN zu denken und zu handeln.

4. Schritt   Überwinden Sie sich dazu, die Welt und die Menschen, die Ihnen begegnen, in der Sichtweise eines OSTENS zu betrachten.

5. Schritt   Üben Sie! Das Verhalten und die Fähigkeiten eines OSTENS sind erlernbar.

6. Schritt   Fangen Sie jetzt an und folgen Sie den unten stehenden Richtlinien.

Lernen Sie Schritt für Schritt, wie ein OSTEN zu handeln

Kreuzen Sie die Kästchen vor jenen Verhaltensweisen an, die Sie stärken wollen, und üben Sie sie anschließend.

- ☐ Kleiden Sie sich konservativ und geschmackvoll
- ☐ Konzentrieren Sie sich auf etwas und schweifen Sie nicht ab
- ☐ Entwickeln Sie eine angemessene Körperhaltung und höfliche Umgangsformen
- ☐ Vermeiden Sie es, töricht oder unlogisch zu wirken, weil Sie vorausdenken
- ☐ Beenden Sie begonnene Aufgaben
- ☐ Hören Sie aufmerksam zu und schreiben Sie auf, was zu tun ist
- ☐ Seien Sie stets pünktlich und vorbereitet
- ☐ Legen Sie Dinge ordentlich an ihren Platz zurück
- ☐ Erstellen Sie Prioritätenlisten und haken Sie Erledigtes ab
- ☐ Planen Sie im Voraus, und stellen Sie sicher, dass Sie den Plan auch finden und verwenden können
- ☐ Überprüfen Sie alles auf Präzision
- ☐ Achten Sie mehr auf Details und Feinheiten
- ☐ Organisieren Sie alles so, dass Sie es auch erreichen und benutzen können
- ☐ Beachten Sie Ursache und Wirkung
- ☐ Befolgen Sie Absprachen

Bestimmen Sie selbst, was Sie brauchen

Bewertungsformular für einen WESTEN

Nehmen Sie die vorangehenden Seiten als Richtlinie und listen Sie die Verhaltensweisen auf, die Sie zuerst entwickeln wollen.

- *meine Selbstdarstellung (Kleidung usw.) verbessern*
- _____
- _____
- _____

Führen Sie unten die Strategie an, mit der Sie jeden der obigen Punkte erreichen wollen.

- *mir vergegenwärtigen, wie mein Äußeres auf andere wirkt*
- _____
- _____
- _____

Überlegen Sie sich einen WESTEN, den Sie bewundern, und notieren Sie vier seiner Eigenschaften, die Sie gerne hätten oder brauchen.

Name: _____

- _____
- _____
- _____
- _____

Werden Sie, was Sie nicht sind

Übersicht über die Fortschritte eines WESTENS

Notieren Sie die Verbesserungen in Ihrem Verhalten in dem unten folgenden Formular. Geben Sie den derzeitigen Status mit einem Kreuz (X) an.

Von mir verstärkte Verhaltensweisen	Verbesserung nach einer Woche	Verbesserung nach einem Monat
typische OST-Menschen beobachtet	☐	☐
vorausgeplant	☐	☐
logisch geplant	☐	☐
Einzelheiten berücksichtigt	☐	☐
Qualitätsprüfung durchgeführt	☐	☐
passende Kleidung gewählt	☐	☐
Regeln befolgt	☐	☐
Organisation eingeführt	☐	☐
nicht über Belangloses geplaudert	☐	☐
mich konservativer gegeben	☐	☐
die Zahl der Optionen begrenzt	☐	☐
Leistungsfähigkeit erhöht	☐	☐
Genauigkeit schätzen gelernt	☐	☐
auf sicherem Boden geblieben	☐	☐
umsichtiger gehandelt	☐	☐
logisch argumentiert	☐	☐
mir Zeit genommen	☐	☐
stillgesessen	☐	☐

	in einer Woche eingesetzt	in einem Monat eingesetzt
kurzfristiger gedacht	☐	☐
meine Energien gebündelt	☐	☐
den Jetzt-Zustand akzeptiert	☐	☐
mich konzentriert	☐	☐
sorgfältig abgewogen	☐	☐

Eingesetzte Mittel	**in einer Woche eingesetzt**	**in einem Monat eingesetzt**
mich mit einem OSTEN beraten	☐	☐
über OSTEN gelesen	☐	☐
viele OSTEN beobachtet	☐	☐
OSTEN zu schätzen gelernt	☐	☐
geübt, mich wie ein OSTEN zu verhalten	☐	☐

Wie Sie den Persönlichkeits-Kompass verwenden, um Beziehungen zu WESTEN zu verbessern

Lernen Sie, den «blinden Fleck» des WESTENS zu verstehen

Wahrnehmungsübung: Stellen Sie sich hin, halten Sie Ihren Kopf ruhig und blicken Sie geradeaus. Bewegen Sie Ihre Augen so weit wie möglich nach links und rechts und beobachten Sie, was in Ihrem Blickfeld liegt. Was sich außerhalb Ihres Blickfelds befindet, ist als «blinder Fleck» bekannt. Es ist vorhanden, aber Sie können es nicht sehen.

Auch die menschliche Natur besitzt «blinde Flecken». Sie können bei anderen Dinge erkennen, die diese Menschen an sich selbst nicht wahrnehmen – und andere können bei Ihnen etwas erkennen, das Sie selbst nicht sehen. Der weitverbreitetste «blinde Fleck» eines WESTENS, der ihm und anderen Probleme verursachen kann, ist die Tatsache, dass er seinem Bedürfnis nach Aufregung oberste Priorität zuweist. Er selbst betrachtet sich nicht als Abenteurer, ist es jedoch im tiefsten Inneren seines Wesens.

Der Unabhängigkeitsdrang eines WESTENS kann einer Beziehung schaden

Max langweilte Sandras steigendes Bedürfnis, die gemeinsame Freizeit bei ihrem Baby zu Hause zu verbringen. Natürlich liebte er seinen Sohn, aber bedeutete Elternschaft zwangsläufig, dass er mit Sandra nicht mehr ausgehen konnte? Nun drängte ihn Sandra auch noch, sein Motorrad und seine Taucherausrüstung zu verkaufen, um die gestiegenen Kosten in den Griff zu bekommen. Sie argumentierte, dass sich so auch seine Sicherheit erhöhe und er mehr Verantwortung übernehmen könne. Er jedoch dachte nicht daran, sich nur, weil er Vater geworden war, in einen langweiligen TV-Konsumenten zu verwandeln!

Wahrnehmung – die Ursache der meisten Probleme
Sandras Wahrnehmung

- Sandra liebt Max und ihren Sohn und möchte für alle ein gesichertes Familienleben begründen.
- Sandra respektiert Max' Bedürfnis, auszugehen, Spaß zu haben und sein Leben aufregend zu gestalten – aber nicht, wenn es bedeutet, dass er seine neue Verantwortung nicht wahrnimmt.
- Sandra benötigt die Gewissheit, dass Max für sie und ihren Sohn da ist und dass sie heute und in Zukunft auf ihn zählen kann.

Max' Wahrnehmung

- Max liebt Sandra und ihren Sohn. Aber er schätzt ein abenteuerliches Leben mehr als Sicherheit.
- Max respektiert Sandras neue Rolle als Mutter und versteht ihren Beschützerinstinkt, aber er hatte sie von Anfang an gewarnt, ihn nicht in die Rolle eines kleinbürgerlichen Ehemanns zu drängen.
- Max benötigt das Gefühl, sein Leben weiterhin so führen zu können, wie es ihm gefällt, ohne als schlechter Ehemann oder Vater betrachtet zu werden.

Lösungen: Geben und Nehmen

- Ein Kompromiss steht im Zentrum jeder Problemlösung.
- Sandra und Max müssen einander ihre Gefühle und Wünsche mitteilen und aushandeln, was sie voneinander anzunehmen bereit sind.
- Sandra könnte vorsichtig darauf hinweisen, wie Max' Bedürfnis nach Aufregung und Nervenkitzel das Familienleben beeinträchtigt.
- Max sollte seiner Familie Zeit zur Verfügung stellen, um allen ein Gefühl familiärer Sicherheit zu vermitteln.

FRAGEN UND ANTWORTEN
ZUR PERSÖNLICHKEIT DES WESTENS

Warum fällt es so manchem WESTEN schwer, einem Gespräch zu folgen, und warum macht er andauernd Gedankensprünge von einem Thema zum nächsten?

So arbeitet der Geist eines WESTENS: Er denkt stets an ein Dutzend Dinge gleichzeitig und muss die einzelnen Punkte nicht miteinander verbinden, um den Zusammenhang erkennen zu können. Da er nicht durch eine logische Abfolge eingeschränkt wird, ähnelt seine Betrachtungsweise einer Luftaufnahme. Diese Sichtweise kann im Gespräch verwirren, gleichzeitig aber großartige Ideen hervorbringen. Um diese Hürde im Gespräch mit einem WESTEN zu überwinden, sollten Sie ihn bitten, sein Tempo zu mäßigen und seinen Standpunkt zu erläutern, oder ihm spezifische Fragen stellen, damit er seine Worte verdeutlicht.

Warum scheint so mancher WESTEN eine Todessehnsucht zu verspüren? Wenn er etwa das Schicksal durch Fallschirmspringen herausfordert, an vertikalen Klippen hochklettert, mit überhöhter Geschwindigkeit Motorrad fährt oder andere gefährliche Extremsituationen sucht?

Jüngste Untersuchungen ergaben, dass zumindest ein Teil dieser Neigung auf das Gen D4DR zurückzuführen ist, das im Gehirn den chemischen Botenstoff Dopamin freisetzt. Es besteht wenig Zweifel, dass WESTEN zumindest eine Form dieses Gens sowie weitere vier oder fünf mit Dopamin in Beziehung stehende Gene besitzen. (Selbstverständlich spielen auch die Umgebung und die persönlichen Möglichkeiten eine Rolle.) Insgesamt kann man davon ausgehen, dass sowohl physiologische als auch erzieherische Grundlagen dazu beitragen, dass dem WES-

TEN Gefahr und Risiko einen Adrenalinstoß versetzen. Die Frage, ob er seine Bedürfnisse unter Kontrolle bringen kann, stellt sich für den WESTEN nicht, da er Aufregung liebt und geradezu wie eine Droge braucht. Die Sehnsucht eines WESTENS nach Risiken scheint in direktem Zusammenhang zu der in seinem Körper produzierten Dopaminmenge und seiner sozialen Herkunft zu stehen.

Warum neigt so mancher WESTEN dazu, mehrere Projekte gleichzeitig zu beginnen und dann ein von ihm geschaffenes Chaos zurückzulassen, um noch mehr Projekte zu beginnen, die ebenfalls unvollendet bleiben?

Ein WESTEN ist ein Initiator. Wenn er eine gute Idee hat, kann er es nicht erwarten, sie auszuprobieren. Andererseits langweilt er sich schnell. Daher beschäftigt er sich nur eine gewisse Zeit mit einer Sache und beginnt dann etwas Neues. Seine Suche nach Aufregendem und Interessantem und sein Bedürfnis nach Veränderung machen es ihm schwer, sich auf ein Projekt zu konzentrieren und es bis zur Vollendung weiterzuverfolgen. Kritik zeigt da wenig Wirkung. Stattdessen sollten Sie ihn motivieren, Begonnenes fertig zu stellen und seine Unordnung aufzuräumen. Gewähren Sie ihm in jedem Fall viel Freiraum, damit er seine kreative Energie umsetzen kann.

MENSCHEN SIND NICHT SCHWIERIG –
NUR UNTERSCHIEDLICH

UNTERSCHIEDE KÖNNEN WERTVOLL SEIN

Als wir dieses Buch zu schreiben begannen, wussten wir, dass wir verschieden sind (Diane ist ein ON-S, Thelma ein SW-O). Wir wussten aber nicht, wie wir dieses Wissen umsetzen sollten, um unser Leben friedlicher und produktiver zu gestalten. Wir haben einander fast in den Wahnsinn getrieben, ehe wir eine Lösung fanden.

So trafen wir uns zum Beispiel in der Entwurfsphase zu einem *Brainstorming*. Diane brachte die Ideen zu Papier und übergab Thelma ihre Aufzeichnungen, um sie in den Computer einzugeben. Anschließend erhielt Diane eine Abschrift zur weiteren Bearbeitung. Thelmas erste Ausdrucke kamen mit neun oder zehn Tippfehlern pro Seite zu Diane zurück. Beinahe schadenfroh kreiste Diane Thelmas Fehler mit einem leuchtend roten Stift ein und gab ihr das Manuskript zur Korrektur zurück. Der zweite, dritte und vierte Ausdruck beinhaltete noch immer unkorrigierte Fehler, und Diane verzweifelte fast, weil sie so viel Zeit brauchte, dieselben Seiten ein halbes Dutzend Mal zu überprüfen. Thelma fühlte sich verletzt, weil sie jedes Mal aufs Neue dabei scheiterte, alle Fehler auszumerzen. Selbstverständlich entsprang der Großteil der Ideen Thelmas Kreativität, aber Dianes Sprachgefühl war es zu danken, dass sie in Worte gekleidet wurden.

Schließlich drückte Diane Thelma einen grünen Stift in die Hand, mit dem sie jede rote Markierung durchstreichen sollte, sobald sie die Korrektur im Computer durchgeführt hatte. Sie sollte Diane erst dann einen Ausdruck übergeben, wenn alle Korrekturen erledigt und mit dem grünen Stift markiert worden waren.

So banal es klingen mag, diese einfache Strategie rettete vermutlich unsere Freundschaft und dieses Buch. Thelma gelang es so, ihre Aufgabe beim ersten Mal richtig zu erfüllen, und das war für Dianes Zeit sparendes OST-NORD-Wesen wichtig. Diane lernte im Gegenzug, tief durchzuatmen und sich nicht aufzuregen, wenn Thelma als SÜD-WESTEN nach einer Woche eine Idee einbrachte, wie eine Seite für den Leser übersichtlicher gestaltet werden könnte, und auf dieser Änderung beharrte. Durch gemeinsame Beratungen erlangten wir in allen vier Richtungen mehr Ausgewogenheit, steigerten unsere individuellen und unsere gemeinsamen Fähigkeiten und vertieften unsere Freundschaft.

Verständnis für die Stärken der anderen war der erste Schritt. Aber tatsächlich Methoden zu finden, um jene Eigenschaften und Fähigkeiten zu entwickeln, an denen es uns mangelte, rettete schließlich das Projekt und die Partnerschaft. Die Umsetzung dessen, was wir voneinander erfahren hatten, ermöglichte es uns, als Team zusammenzuarbeiten und unser gemeinsames Ziel – die Veröffentlichung – zu erreichen!

Unterschiede können ein Team stärken

Die meisten Menschen schätzen Eigenschaften und Fähigkeiten, die denen ähneln, welche sie selbst besitzen. Trotzdem wissen fast alle, welche positive Wirkung Unterschiede in den meisten hervorragenden Teams hervorbringen. Überlegen Sie, welche unterschiedlichen Fähigkeiten die folgenden verschiedenartigen Typen erfolgreicher Teams benötigen:

- die Vertragsparteien für den Bau einer Pipeline durch Alaska – Alaska (N)
- die Toyota Corporation – Japan (O)
- Reggae-Steeldrum-Bands – Karibik (S)
- das amerikanische olympische Dameneishockeyteam – USA (W)

CHARAKTERISTISCHE UNTERSCHIEDE

Persönlichkeitsbild

- **NORDEN** stehen für Leistung
- **OSTEN** stehen für Qualität
- **SÜDEN** stehen für Einfühlungsvermögen
- **WESTEN** stehen für Originalität

Einstellung

- **NORDEN** nennen die Dinge beim Namen
- **OSTEN** bezeichnen einen Gegenstand mit dem exakten wissenschaftlichen Namen
- **SÜDEN** bezeichnen einen Gegenstand mit jedem gewünschten Namen
- **WESTEN** wollen einen Gegenstand nicht einschränken, indem sie ihm einen Namen zuweisen

Prioritäten

- **ZIELE** sind einem NORDEN überaus wichtig
  Beispiel: Er tut alles, um eine Aufgabe termingerecht fertig zu stellen.
- **TATSACHEN** sind einem OSTEN überaus wichtig
  Beispiel: Er braucht genaue Informationen, um die Anforderungen exakt zu erfüllen.
- **WERTE** sind einem SÜDEN überaus wichtig
  Beispiel: Er will anderen Vorbild sein für Loyalität, Vertrauenswürdigkeit und Zusammenarbeit.
- **METHODEN** sind einem WESTEN überaus wichtig
  Beispiel: Er sucht innovative Möglichkeiten, um sich an Veränderungen anzupassen und Probleme zu lösen.

Unterschiede können Schwierigkeiten verursachen

Eigenschaften von Unterschieden

- einzigartig, ausgeprägt
- erkennbar nicht dasselbe
- unterscheidbar
- vielfältig, unähnlich
- einzeln, verschiedenartig

Eigenschaften von Schwierigkeiten

- unangenehm, schwierig
- schwer zu begreifen
- schwierig, damit umzugehen
- nicht einfach, schwer zu deuten
- rätselhaft, anstrengend

Wer Unterschiede schätzt, zeigt nicht mehr mit dem Finger auf andere

Unterschiede werden oft als Schwierigkeiten erfahren. Wenn Sie jemanden auffordern, einen schwierigen Menschen zu beschreiben, schildert er zumeist einen, der genau das Gegenteil seines eigenen Wesens aufweist.

Mit anderen Worten: Gegensätzliche Wesensarten und Persönlichkeiten stellen Barrieren gegeneinander auf. Sobald wir jedoch die unterschiedlichen Prioritäten, Wahrnehmungen, Wertesysteme und Verhaltensmuster der vier Wesensarten begreifen, hören wir auf, mit dem Finger auf andere zu zeigen, und erkennen, dass die Menschen, die wir für schwierig halten, lediglich anders sind als wir. Diese Einsicht, die darauf gründet, dass wir die Komplexität der menschlichen Natur auf ihre grundlegenden Aspekte reduzieren, bildet den ersten Schritt zu einem Verständnis, das zu einer größeren Harmonie der Menschen in allen Kulturen führen kann.

Wahrnehmungsunterschiede auf einen Blick oder Wie wir die Wirklichkeit wahrnehmen

NORDEN nehmen NORDEN als leistungsfähig und bestimmt wahr
OSTEN nehmen NORDEN als kontrollierend und arrogant wahr
SÜDEN nehmen NORDEN als einschüchternd und herrisch wahr
WESTEN nehmen NORDEN als angespannt und anspruchsvoll wahr

NORDEN nehmen OSTEN als kleinlich und unflexibel wahr
OSTEN nehmen OSTEN als zuverlässig und kompetent wahr
SÜDEN nehmen OSTEN als langweilig und snobistisch wahr
WESTEN nehmen OSTEN als zugeknöpft und fixiert wahr

NORDEN nehmen SÜDEN als langsam und verletzlich wahr
OSTEN nehmen SÜDEN als gefühlvoll und geschwätzig wahr
SÜDEN nehmen SÜDEN als warmherzig und fürsorglich wahr
WESTEN nehmen SÜDEN als abhängig und hilflos wahr

NORDEN nehmen WESTEN als unzuverlässig und unverbindlich wahr
OSTEN nehmen WESTEN als nachlässig und unorganisiert wahr
SÜDEN nehmen WESTEN als aufsässig und rebellisch wahr
WESTEN nehmen WESTEN als unterhaltsam und interessant wahr

Ähnlichkeiten, die Zusammenhalt schaffen

NORDEN & OSTEN

arbeiten fleißig

sind produktiv

übernehmen Verantwortung

sind ernsthaft

vollenden Aufgaben

vermeiden Fehler

SÜDEN & OSTEN

agieren langsam

hören aufmerksam zu

sind konservativ

vermeiden Veränderung

sind vorsichtig

befolgen Regeln

NORDEN & WESTEN

agieren schnell

plaudern gerne

genießen Aktion

lieben Veränderung

sind kühn

gehen Risiken ein

SÜDEN & WESTEN

motivieren andere

sind gesellig

meiden Termine

sind anpassungsfähig

lehnen Druck ab

genießen Entspannung

Anmerkung: Keine Ähnlichkeiten gibt es zwischen den Gegensatzpaaren N–S und W–O.

Wenn extreme Verhaltensweisen zu Schwierigkeiten führen

NORDEN könnten als schwierig wahrgenommen werden, wenn sie …

- sich leicht ärgern
- sich die Meinungen anderer nicht anhören
- andere öffentlich in Verlegenheit bringen
- Vorschläge als Beschwerden wahrnehmen
- für die Gefühle anderer unempfänglich sind

- glauben, immer Recht zu haben
- sich unkooperativ verhalten
- persönliche Vorteile suchen
- die Kontrolle an sich reißen
- andere einschüchtern
- Autorität nicht respektieren
- arrogant auftreten

OSTEN könnten als schwierig wahrgenommen werden, wenn sie …

- jede Einzelheit auseinander pflücken
- nur eine Aufgabe gleichzeitig erledigen können
- sich weigern, alte Gewohnheiten zu ändern
- lange, ermüdende Erklärungen abgeben
- sich von anderen isolieren

- absolute Perfektion fordern
- nur eine Perspektive/eine Lösung sehen
- keinen Humor besitzen
- einer starren Routine folgen
- übervorsichtig sind
- etwas bis in alle Einzelheiten analysieren
- alles in Schriftform verlangen

SÜDEN könnten als schwierig wahrgenommen werden, wenn sie...

- zur Arbeit angehalten werden müssen
- ihre Aufgabe erklärt bekommen müssen
- leugnen, dass Probleme existieren
- Tatsachen durch eine rosa Brille betrachten
- Arbeitsanforderungen nur langsam begreifen
- nicht zu Höchstleistungen motiviert sind
- heimlich über andere reden
- sich beschweren, ohne Lösungen anzubieten
- Auseinandersetzungen aus dem Weg gehen
- leicht verletzt sind
- ihre Meinung nicht kundtun
- langsam und unpünktlich sind

WESTEN könnten als schwierig wahrgenommen werden, wenn sie...

- keine genauen Informationen weitergeben
- sich gleichgültig verhalten
- auf ihre Arbeit nicht stolz sind
- von anderen erwarten, dass sie ihre Gedanken lesen
- nichts schriftlich niederlegen
- Albereien unterhaltsam finden
- Verantwortung ablehnen
- viele Fehler machen
- sich nicht an angemessene Umgangsformen halten
- sich gegen Vorschriften und Strukturen auflehnen
- kein Gefühl für Zeit haben
- alles verändern müssen

Anmerkung: Geringe Selbstachtung, Erschöpfung oder Stress können bei allen vier Grundtypen zu extremem Verhalten führen.

SO MEISTERN SIE IHRE SCHWIERIGKEITEN

Tipps, um Schwierigkeiten mit einem NORDEN zu meistern

1. Richten Sie sich auf, blicken Sie ihm direkt in die Augen, und sprechen Sie mit fester, aber nicht feindseliger Stimme.
2. Hören Sie ihm nur dann zu, wenn er ruhig und respektvoll bleibt.
3. Wenn er Sie unterbricht oder die Beherrschung verliert, sollten Sie ihm erklären, dass Sie zu einem weiteren Gespräch bereit sind, sobald er Sie respektvoll behandelt, und dann weggehen.
4. Beharren Sie darauf, dass er sich Ihren Standpunkt anhört, und erklären Sie ihm, dass Sie sich nicht manipulieren lassen – aber rechtfertigen Sie sich nicht.

Tipps, um Schwierigkeiten mit einem OSTEN auszuräumen

1. Schenken Sie ihm Ihre volle Aufmerksamkeit (und machen Sie sich möglicherweise sogar Notizen).
2. Sagen Sie ihm, dass Sie seine Position oder Kritik verstehen, legen Sie die anderen Tatsachen oder Sichtweisen dar, und erläutern Sie Ihren Standpunkt.
3. Widerlegen Sie seine Position oder Kritik durch eine logische, überzeugende Argumentationskette, oder stimmen Sie ihm offen zu – je nach Beweislage.
4. Wenn er sich in für Sie zeitraubenden Einzelheiten verliert, sollten Sie ihn auffordern, seine Ansicht schriftlich niederzulegen und Ihnen so rasch als möglich zukommen zu lassen.

Tipps, um Schwierigkeiten mit einem SÜDEN auszuräumen

1. Schenken Sie ihm ein freundliches Lächeln, einen Handschlag oder ein Schulterklopfen und plaudern Sie eine Weile mit ihm.
2. Hören Sie ihm zu, solange sich das Gespräch um wichtige Inhalte dreht (möglicherweise müssen Sie ihn manchmal behutsam zum Thema zurückführen).
3. Zeigen Sie Verständnis für seine Gefühle, aber weisen Sie ihn auch darauf hin, dass er möglicherweise aus einer Mücke einen Elefanten macht, und nennen Sie ihm die Gründe.
4. Seien Sie entgegenkommend, erklären Sie, wie Sie das Problem sehen, helfen Sie ihm, selbst eine Lösung zu finden, und schließen Sie damit das Thema Probleme ab.

Tipps, um Schwierigkeiten mit einem WESTEN auszuräumen

1. Bitten Sie ihn in einer Umgebung, die wenig Ablenkung bietet, um seine Aufmerksamkeit.
2. Zeigen Sie Humor und nehmen Sie eine zwanglose, entspannte Haltung ein.
3. Stellen Sie ihm klare Fragen, damit er unmissverständlich antworten kann.
4. Bleiben Sie für seine Ideen offen, wie bizarr sie auch sein mögen. Schränken Sie ihn danach auf einen oder zwei von Ihnen bevorzugte Vorschläge ein und lassen Sie ihn diese weiterentwickeln.

LERNEN SIE, ALLE VIER GRUNDTYPEN ZU SCHÄTZEN

Ihre Art zu lernen bestimmt, was Sie schätzen

(... und was Sie schätzen, bestimmt Ihre Art zu lernen)

NORDEN
- lernen durch «Taten»
- schätzen **Aktivität**

SÜDEN
- lernen durch «Zuhören»
- schätzen **Menschen**

OSTEN
- lernen durch «Analyse»
- schätzen **Logik**

WESTEN
- lernen durch «Ausprobieren»
- schätzen **Neuentdeckungen**

Erwarten Sie niemals von Ihren Kindern, Freunden und Mitarbeitern, dass sie auf dieselbe Weise lernen wie Sie selbst. Um die besten Ergebnisse zu erzielen, sollten Sie Lernmöglichkeiten präsentieren, die auch das Wesen eines Menschen mit einbeziehen. Es ist interessant zu beobachten, dass aufgrund ihrer verschiedenen Einstellungen ...

- **NORDEN Aufgaben rasch erledigen**
- **OSTEN alles beim ersten Mal richtig erledigen**
- **SÜDEN die besten Teams bilden**
- **WESTEN Horizonte erweitern**

Was Sie schätzen, bestimmt, was Sie am besten können

(... und was Sie am besten können, wird von dem bestimmt, was Sie schätzen)

NORDEN erbringen die beste Leistung im Bereich der **Arbeitswelt**

SÜDEN erbringen die beste Leistung im **zwischenmenschlichen Bereich**

OSTEN erbringen die beste Leistung im Bereich der **Wissenschaft**

WESTEN erbringen die beste Leistung in den Bereichen **Kunst und Erfindung**

Je ausgeglichener diese vier Grundtypen bei Ihnen entwickelt sind, desto mehr Erfolg haben Sie in Privat- und Berufsleben. Sie werden Ihrer Familie, Ihrem Unternehmen und Ihrer Gemeinschaft mehr geben können. Unabhängig davon, was Sie geben, gilt:

- **NORDEN geben mit Selbstvertrauen**
- **OSTEN geben hohe Qualität**
- **SÜDEN geben mit Gefühl**
- **WESTEN geben mit Phantasie**

Wie Sie persönlich und beruflich in Bestform kommen

Ein NORDEN sollte die folgenden Stärken eines SÜDENS entwickeln:

- Freundlichkeit und Wärme
- aufmerksames Zuhören
- Geduld und Verständnis
- Hilfsbereitschaft
- Wohlwollen verbreiten
- Teamfähigkeit

Ein OSTEN sollte die folgenden Stärken eines WESTENS entwickeln:

- Aufgeschlossenheit
- Enthusiasmus
- mehrere Alternativen sehen
- kreative Ideen hervorbringen
- Anpassungsfähigkeit
- eine sorgenfreie Haltung

Ein SÜDEN sollte die folgenden Stärken eines NORDENS entwickeln:

- Entschlossenheit
- Selbstvertrauen
- die Initiative ergreifen können
- Arbeit als Vergnügen betrachten
- Aufgaben termingerecht erfüllen
- Durchsetzungskraft

Ein WESTEN sollte die folgenden Stärken eines OSTENS entwickeln:

- planen, um beste Ergebnisse zu erzielen
- logisches Denkvermögen
- alles beim ersten Mal richtig erledigen
- Qualität erzielen
- Organisationstalent
- Zuverlässigkeit

Wir brauchen einander

Ein NORDEN benötigt die Eigenschaften und Fähigkeiten eines SÜDENS

Der NORDEN Thomas, ein Manager, wurde von seinem neuen Vorgesetzten beiseite genommen. «Sie sind eine talentierte Führungspersönlichkeit und erfüllen die wöchentliche Quote immer», erklärte dieser. «Dennoch gibt es einen Bereich, in dem Sie vielleicht an sich arbeiten wollen. Wir bezeichnen ihn als die Fähigkeit, mit Menschen umzugehen. Seien Sie einfach ein wenig freundlicher zu den Kunden und ermutigen Sie Ihre Abteilung, als Team zusammenzuarbeiten und die Regale stets ordentlich gefüllt zu halten.»

Ein OSTEN benötigt die Eigenschaften und Fähigkeiten eines WESTENS

Deborah, ein OSTEN, arbeitete als Kassiererin und konnte den Code einer Ware fehlerfrei in die Kasse eingeben. Sie reagierte jedoch gereizt, wenn ein Kunde seine Meinung änderte und einen bereits eingegebenen Gegenstand nicht kaufen wollte oder im letzten Augenblick eine Ware dazulegte. Ihr Leistungsbericht war ausgezeichnet, mit einer Ausnahme: «Entwickeln Sie mehr Flexibilität, wenn Sie in der Öffentlichkeit mit Unerwartetem konfrontiert werden.»

Ein SÜDEN benötigt die Eigenschaften und Fähigkeiten eines NORDENS

Scott, ein SÜDEN, liebte seinen Beruf als Versicherungsmakler, weil er wusste, dass er mit Menschen gut umgehen konnte. Er fand es schön, neue Menschen kennen zu lernen und mit ihnen in ihren Büros und Häusern Zeit zu verbringen, während er sich darauf konzentrierte, ihr spezielles Versicherungsbedürfnis abzudecken. Wenn er jedoch für die viel begehrte Auszeichnung des Versicherungsmaklers des Jahres in Frage kommen wollte, musste er seine Berichte rechtzeitig einreichen, um die Termine einzuhalten, die den Beginn der Versicherungsdeckung festlegten.

Ein WESTEN benötigt die Eigenschaften und Fähigkeiten eines OSTENS

Pierre, ein WESTEN, gewann als Hair-Stylist auf mehreren Kontinenten zahlreiche Preise für seine einzigartigen Entwürfe und Kreationen. Glücklicherweise stand ihm eine zuverlässige Assistentin zur Seite, die dafür sorgte, dass alles, was er benötigte, immer in ausgezeichnetem Zustand und in Griffnähe vorhanden war. Denn Pierre nahm die banalen Aufgaben nicht wahr, die seine Kunst erst möglich machten. Er erkannte nicht, dass genaue Planung und Einsatz die Voraussetzungen für seinen Erfolg darstellten. Sein Beitrag beschränkte sich darauf, aufzutreten und zu kreieren.

Ausgewogenheit führt zum Erfolg

Wenn Sie Ihre NORD-Stärken entwickeln, können Sie ...

- zahlreiche Projekte vor dem Fertigstellungstermin vollenden
- die größte Geldsammelaktion der Welt organisieren
- ein mittelmäßiges Team zum Sieg führen
- aus wenig Geld ein Vermögen schaffen
- als Erster in Aktion treten
- die beste Methode ausfindig machen, einen Gegner zu überlisten
- trotz schlechtester Chancen ein Ziel erreichen
- mit Selbstvertrauen den schwierigsten Vertrag aushandeln
- Ihre Freunde mit einer Einladung in das beste Restaurant überraschen
- die kürzesten, zielgerichtetsten Sitzungen aller Zeiten abhalten

Wenn Sie Ihre OST-Stärken entwickeln, können Sie ...

- die stilvollsten Feste organisieren
- die Nadel im Heuhaufen finden
- die Auslieferung unzulänglicher Produkte stoppen
- ausfallsichere Systeme entwickeln, die Qualität garantieren
- rund um die Uhr arbeiten, um einen Fehler zu finden
- perfekte, detaillierte Berichte erstellen
- die besten Karteien und Aufzeichnungen der Unternehmung führen
- ausgezeichnet organisierte Treffen leiten
- die effizienteste Person mit den besten Umgangsformen sein
- Anweisungen erteilen, die jeder in der Lage ist zu befolgen

Wenn Sie Ihre SÜD-Stärken entwickeln, können Sie ...

- sich als Erster freiwillig für eine Dienst- oder Hilfeleistung melden
- ein geschlossenes Team loyaler Spieler zusammenstellen
- in der Kommunikation mit Menschen vorne liegen
- aufmerksamer zuhören als andere
- sich in jeder Situation als charmanter Diplomat erweisen
- inmitten eines Konflikts als Friedensstifter auftreten
- in der Verkaufsbranche höchste Ehrungen erhalten
- sich als entgegenkommender, freundlicher Mensch von der Menge abheben
- sich für das Wertvolle entscheiden
- andere geduldig unterweisen

Wenn Sie Ihre WEST-Stärken entwickeln, können Sie ...

- Alltagsgegenstände neu erfinden
- die ungewöhnlichsten Feste organisieren
- große Menschengruppen begeistern
- sich die meisten und besten Ideen ausdenken
- mehrere große Projekte gleichzeitig koordinieren
- innovative Lösungen für alltäglich Probleme entwickeln
- neue Methoden erfinden, um den derzeitigen Zustand zu verbessern
- die kreativsten Besprechungen abhalten
- über das Alltägliche hinweg das Besondere erkennen
- das Risiko eingehen, Althergebrachtes zu überwinden

Mit dem Persönlichkeits-Kompass schrittweise zum Erfolg

1. Um die besten Ergebnisse zu erzielen, sollten Sie sich im Gespräch auf Ihren Partner konzentrieren. Anweisung:
   - Nutzen Sie Ihr Wissen über den Kompass, und bestimmen Sie das dominante Wesen dieser Person.
   - Schieben Sie Ihre eigene Wesensart für den Augenblick auf die Seite und kommunizieren Sie mit dem Wesen des anderen entsprechend. (Beispiel: Für Sie als NORDEN ist es unumgänglich, die Haltung eines SÜDENS anzunehmen, wenn Sie mit einem SÜDEN sprechen, die Haltung eines OSTENS, wenn Sie mit einem OSTEN sprechen, und die eines WESTENS, wenn Sie mit einem WESTEN sprechen, etc.)

2. Entwickeln Sie die Fähigkeiten und Verhaltensweisen aller vier Persönlichkeitstypen des Persönlichkeits-Kompasses, so gut Sie können, ungeachtet Ihrer eigenen Ausrichtung. Befolgen Sie die folgende Herangehensweise:
   - Überwinden Sie sich dazu, den Wert aller vier Grundtypen anzuerkennen: die Fähigkeiten und Eigenschaften, die jeden einzelnen Grundtyp in bestimmten Situationen, bei bestimmten Aufträgen oder in einzelnen Beziehungen wirkungsvoll und wertvoll machen.
   - Beobachten und beraten Sie sich mit Menschen, die sich von Ihnen unterscheiden, und steigern Sie auf diese Weise Ihre Ausgeglichenheit und Anpassungsfähigkeit.
   - Entwickeln Sie Ihre schwächsten Fähigkeiten und Eigenschaften, bis sie sich in persönliche Stärken verwandeln.

3. Arbeiten Sie daran, Ihre extremeren Eigenschaften zu bändigen, wenn es angemessen ist. Diese Tipps werden Ihnen helfen:

- Gestehen Sie sich Ihre Schwächen ein.
- Erkennen Sie Ihre Stärken an und lernen Sie, welche Vorteile es bringt, Ihre Schwächen zu überwinden. Auf diese Weise werden Sie von anderen respektiert und entwickeln eine hohe Selbstachtung, die für gesunde Beziehungen und beruflichen Erfolg unerlässlich ist.
- Halten Sie inne, ehe Sie sprechen oder handeln, sodass Sie Ihr Verhalten stets kontrollieren können. Denken Sie daran, dass eine auf den anderen ausgerichtete Gesprächshaltung im Allgemeinen am effektivsten und erfolgreichsten ist.

Uns selbst und die Menschen kennen zu lernen, die unser Leben beeinflussen, kann ein lebenslanger Lernprozess sein. Der Persönlichkeits-Kompass kann unsere Reise abkürzen und unsere Bürde leichter machen, sodass wir besser unseren Weg finden. Dazu ist es nötig, dass wir die Eigenschaften und Fähigkeiten aller vier Grundtypen schätzen und entwickeln lernen. Unsere Beziehungen werden sich wandeln, unser Selbstvertrauen wird wachsen, wir werden im Beruf mehr Erfolg haben. Vielleicht ist die wichtigste Botschaft des Persönlichkeits-Kompasses die: Wir alle brauchen einander, um das Beste in uns hervorzubringen.

FRAGEN UND ANTWORTEN: DER PERSÖNLICHKEITS-KOMPASS IM TÄGLICHEN LEBEN

Ich lebe als WESTEN im Osten. Was soll ich tun? (Ich kann nicht einfach in den Westen übersiedeln.)

Entwickeln Sie Ihre OST-Eigenschaften. Diese Arbeit an sich selbst wird sich – unabhängig davon, wo Sie wohnen – als nützlich erweisen. Dies gilt für alle vier Eigenschaftsgruppen, denn in allen vier geographischen Bereichen leben Menschen aller Typen. Indem Sie diejenigen Wesenszüge stärken, die Ihrem Kulturraum entsprechen, werden Sie sich wohler fühlen und Ihre Leistung steigern.

Ich bin ein SÜDEN, arbeite aber an einem Arbeitsplatz, der vorwiegend NORD-Fähigkeiten erfordert. Sollte ich mich nach einem SÜD-Job umsehen? (Angesichts der hohen Arbeitslosigkeit bezweifle ich, dass ich es mir leisten kann, wählerisch zu sein.)

Selbstverständlich würden Sie sich in einem SÜD-Job besser und kompetenter fühlen. Daher ist es empfehlenswert, die Fühler auszustrecken für den Fall, dass sich doch ein SÜD-Job anbietet. Darüber hinaus können Sie jetzt lernen, sich mehr wie ein NORDEN zu verhalten, indem Sie NORDEN beobachten und sie um Rat fragen. Üben Sie die Handlungsweise eines NORDENS, auch wenn dies Ihrer Natur widerspricht und es Ihnen anfangs schwer fallen mag. Im Grunde lassen sich alle Fähigkeiten erlernen. Welche Einstellungen und Stärken der einzelnen Grundtypen Sie wie gut erwerben, hängt von Ihrer Einsicht, Ihrem Willen, Ihrer Entschlossenheit und Ihrer Übung ab.

Ich bin ein SÜDEN, arbeite als Grundschullehrerin und liebe meine Schüler. Aber mein Sohn hat die Schule noch nie leiden können. Ist

das meine Schuld? Was könnte ich getan haben, um ihn so gegen die Schule aufzubringen?

Vermutlich nichts. Möglicherweise gehört Ihr Sohn einfach dem WESTEN an, der von Natur aus starre Strukturen, Vorschriften und genaue Erwartungen ablehnt und häufig gegen sie opponiert. Einem OSTEN fällt es viel leichter als einem WESTEN, seine Aufmerksamkeit fünfundvierzig Minuten lang auf ein Thema zu konzentrieren, ohne Tagträumen nachzuhängen und aus dem Fenster zu blicken.

Die NORD-Eigenschaften, die ich im Beruf an meinem Mann am meisten bewundere (Strenge, Entschlossenheit, Führungsqualitäten), ängstigen mich zu Hause, wo niemand da ist, den er beeindrucken kann. Hier tyrannisiert er mich und die Kinder, wird sogar aggressiv und gewalttätig, wenn er wütend ist. Wie kann derselbe Mann so unterschiedlich sein?

Die bewunderungswürdigsten Eigenschaften der vier Grundtypen können sich unter extremen Umständen ins Negative verkehren. Wenn ein Mensch sich längerfristig extrem verhält, besagt dies, dass er ein geringes Selbstwertgefühl hat. Verhält er sich nur für kurze Zeit rücksichtslos, sind wahrscheinlich Stress oder Erschöpfung die Ursachen. Zum Glück sind alle drei Umstände zeitlich beschränkt – obwohl es vermutlich professionelle Hilfe und Zeit braucht, um ein geringes Selbstwertgefühl zu stärken.

Ich bin ein OSTEN und nichts anderes und habe nicht den Wunsch, auf dem Persönlichkeits-Kompass «nach Westen» oder sonstwohin zu gehen. Mir gefällt es, ein OSTEN zu sein, und ich möchte daran nichts ändern. Die Menschen sollen mich als das, was ich bin, akzeptieren oder sich einfach an mich gewöhnen. Warum soll ich mein Wesen verändern?

Sie sollten erst gar nicht versuchen, Ihr Wesen zu verändern, denn das wird Ihnen vermutlich nicht gelingen. Wenn Sie die Eigenschaften und Fähigkeiten der anderen drei Typen entwickeln lernen, hat dies mit Wachstum und nicht mit Veränderung zu tun. Sie gewinnen dadurch eine breitere Palette an Fähigkeiten und Verhaltensmöglichkeiten, aus der Sie in bestimmten Situationen bzw. im Umgang mit bestimmten Menschen oder Gruppen schöpfen können. Diese Art des Wachstums erhöht Ihre Erfolgschancen in Ihren privaten Beziehungen und in Ihrem Beruf. Der erste Schritt besteht darin, diejenigen Wesenszüge schätzen zu lernen, die sich von Ihren eigenen unterscheiden, denn diese benötigen Sie am stärksten.

Warum bezeichnen Sie den Persönlichkeits-Kompass als Werkzeug? Ich betrachte ihn als interessante Idee, aber nicht wirklich als Werkzeug. Was meinen Sie damit?

Der Persönlichkeits-Kompass ist ein Werkzeug, weil er sich als Hilfsmittel für ein bestimmtes Ziel nutzen lässt und Sie zu einem gewünschten Ergebnis hinführt. Zunächst müssen Sie seinen Verwendungszweck begreifen (sich selbst und andere Menschen besser zu verstehen und in verschiedensten Situationen effektiver mit Menschen aller Grundtypen umzugehen). Im zweiten Schritt müssen Sie ihn anzuwenden lernen (suchen Sie in diesem als einfaches Nachschlagewerk konzipierten, übersichtlich gestalteten Handbuch nach dem gewünschten Thema und befolgen Sie die vorgeschlagenen Übungen). Wenn Sie Ihre Fähigkeit ausweiten, mit Menschen und Situationen entsprechend ihren Bedürfnissen umzugehen statt auf die für Sie selbst bequemste Weise, wird sich der Kompass als nützliches und wirkungsvolles Werkzeug erweisen.

Das Konzept der vier Persönlichkeitstypen besteht seit langem. Warum lassen Sie es nicht gut sein damit, statt weitere Bezeichnungen für diese Grundtypen zu erfinden?

Im Zuge der Globalisierung sind raschere, einfachere und praktischere Lösungen gefragt. Durch das weltumspannende Internet ist eine effektivere Kommunikation auf internationaler Ebene möglich, die Verständnis, Wertschätzung und Respekt für kulturelle Unterschiede berücksichtigt. Der Persönlichkeits-Kompass kommt diesem Bedürfnis nach, indem er Tatsachen, die wissenschaftlich anerkannt sind, vereinfacht darstellt und dabei gleichzeitig die Integrität und Genauigkeit dieser etablierten Prinzipien wahrt. Indem der Persönlichkeits-Kompass besonderen Wert auf die Bestimmung des dominanten und subdominanten Typs legt, steigert er die Genauigkeit der Typisierung und das Verständnis für die Einzigartigkeit des Wesens jeder Einzelperson innerhalb der Parameter eines universellen Persönlichkeitstyps. Kurz: Der Persönlichkeits-Kompass kleidet anerkannte wissenschaftliche Erkenntnisse in eine Form, die jeder Mensch im täglichen Leben weltweit nutzen kann.

Ich habe zweimal geheiratet. Meine erste Frau und ich kamen überhaupt nicht miteinander zurecht, mit meiner zweiten Frau dagegen läuft es großartig. Da ich mich nicht stark verändert habe, frage ich mich, was das über meine Ehen aussagt? War meine erste Ehe von vornherein zum Scheitern verurteilt, weil wir unvereinbaren Persönlichkeitstypen angehörten? Wenn dem so ist, hätten hohe emotionale und finanzielle Kosten vermieden werden können, wenn wir unsere «Kompatibilität» vor Beginn der Beziehung geprüft hätten.

Dieser Gedanke entbehrt nicht einer gewissen Logik. Selbstverständlich sind nur wenige Beziehungen oder Situationen «von vornherein zum Scheitern verurteilt», da das Ergebnis häufig von der Klugheit und den Bemühungen der Beteiligten abhängt. Dennoch ist es richtig, dass einige Menschen von Natur aus einfach nicht zusammenpassen. So wissen wir zum Beispiel, dass sich diametral gegenüberliegende Grundtypen mit wenig Gemeinsamkeiten im Lauf der Zeit vermutlich auf die Nerven gehen werden – sofern es sich dabei nicht um überaus ausgeglichene Persönlichkeiten handelt. Die gute Nachricht ist, dass selbst starke Gegensätze in einer Beziehung voneinander lernen können, indem sie die gegensätzlichen Eigenschaften entwickeln und auf diese Weise den Bedürfnissen ihres Partners besser entsprechen. Im Idealfall kann eine im Vorhinein durchgeführte «Übereinstimmungsprüfung» nach dem Persönlichkeits-Kompass zu klügeren Entscheidungen und Zielsetzungen führen.

Als Herausgeber einer großen Tageszeitung brauche ich vorwiegend NORD-WEST-Angestellte, die Termine einhalten können und bereit sind, Risiken einzugehen, um eine gute Story zu bekommen. Nun merke ich, dass zahlreiche SÜD-OSTEN für mich arbeiten. Vermutlich wirkten sie im Vorstellungsgespräch freundlich und kompetent, doch was soll ich jetzt mit ihnen anfangen?

Für dieses verbreitete Dilemma gibt es drei Lösungen. Sie können alle SÜD-OST-Mitarbeiter auf SÜD-OST-Arbeitsplätze versetzen, so weit dies möglich ist. Damit sind sowohl Sie als auch diese Mitarbeiter vermutlich glücklicher. Als zweite Lösung können Sie spezielle Kurse für Ihre SÜD-OST-Mitarbeiter anbieten, in denen sie lernen, NORD-WEST-Eigenschaften und -Fähigkeiten zu entwickeln. Und wenn schließlich eine Stelle frei wird, können Sie sicherstellen, dass Sie den für diese Position benötigten Persönlichkeitstyp ansprechen und einstellen. Wie Sie offenbar erkannt haben, erhöhen sich Qualität, Produktivität und Motivation, wenn Sie die richtige Person an dem ihr entsprechenden Arbeitsplatz einsetzen.

Ich scheine von allen vier Persönlichkeitstypen dieselbe Anzahl von Eigenschaften zu besitzen und weiß nicht, welche meine dominante oder subdominante Wesensart ist. Da ich offenbar genau in der Mitte stehe, frage ich mich, wie ich den Persönlichkeits-Kompass auf mich anwenden kann.

Auch wenn Sie in allen vier Grundtypen ausgewogen sind, besitzen Sie eine dominante und eine subdominante Persönlichkeit, die auf dem Kompass direkt an Ihre dominante Richtung angrenzt. Um Ihren dominanten Typ festzustellen, ist es am einfachsten, jenen Grundtyp zu bestimmen, der Ihnen ein bisschen weniger liegt. Ihre dominante Wesensart befindet sich dann auf dem Kompass auf der gegenüberliegenden Seite.

ZUSAMMENFASSUNG

Wir können vieles vom Chamäleon und anderen Meistern der Tarnung lernen. Wenn es für ihr Überleben erforderlich ist, gleichen viele Tiere ihre Farbe der Umgebung an. Wenn Sie den Persönlichkeits-Kompass verwenden, um Ihr eigenes Wesen zu erkennen und gegen Ihre Schwächen anzugehen, gewinnen Sie an Ausgeglichenheit und Anpassungsfähigkeit, sodass die Menschen häufig glauben werden, dass Sie demselben Persönlichkeitstyp angehören wie sie selbst. Sich auf andere einzustellen ist der Schlüssel zu wirkungsvoller Kommunikation, erfüllenden Beziehungen und dem Überleben in der Berufswelt. Dieses «Sich-Ausrichten» bedeutet, dass Sie imstande sein werden, mit Menschen nach **deren** Typ und **deren** Bedürfnissen zu kommunizieren und zusammenzuarbeiten statt lediglich auf die Weise, die Ihrer eigenen Natur entgegenkommt. Sie werden rasch erkennen, welchem Typ andere Menschen, Gruppen oder Situationen angehören und ihnen auf der Grundlage ihres Wesens und nicht Ihres eigenen Wesens begegnen.

Verwenden Sie den Kompass ungeachtet der Umstände in allen Beziehungen zu Menschen als Richtlinie. Die Prinzipien bleiben stets dieselben und funktionieren zu Hause, am Arbeitsplatz oder mit Unbekannten äußerst treffsicher. Wenn Sie zum Beispiel mit einem NORDEN verhandeln, ist es (ungeachtet Ihres Grundtyps) wichtig, ihm direkt in die Augen zu sehen, sich aufzurichten, seine Hand kräftig zu ergreifen und niemals seine Zeit übermäßig in Anspruch zu nehmen. Im Gespräch mit einem OSTEN ist es (wiederum ohne Rücksicht auf Ihre eigene Richtung) wichtig, das Protokoll einzuhalten, pünktlich zu sein, genaue Informationen weiterzugeben und unlogische Aussagen zu vermeiden. Im Umgang mit einem SÜDEN ist es (unabhängig davon, ob Sie selbst ein dominanter

SÜDEN sind oder nicht) maßgeblich, ihn mit einem warmen Lächeln, einem Schulterklopfen oder einer Umarmung zu begrüßen, sich nach seinem Befinden und seiner Familie zu erkundigen und sich immer genügend Zeit zu nehmen. Wenn Sie einem WESTEN begegnen, ist es (wiederum ohne Rücksicht auf Ihren persönlichen Grundtyp) essentiell, locker und entspannt zu bleiben, eine ungezwungene Haltung anzunehmen, die zeigt, dass Sie mit der Strömung schwimmen können, flexibel sind und Humor und Abenteuerlust schätzen.

Beachten Sie, dass auch Situationen, Veranstaltungen und Aufträge eine eigene Grundhaltung in sich bergen. Situationen, die eine straffe Führung und schnelles Arbeiten erfordern, damit präzise Termine eingehalten werden, sind dem NORDEN zuzuweisen und benötigen NORD-Fähigkeiten (ungeachtet Ihres eigenen Typs). Jene, die sorgfältige Planung und detaillierte Analyse erfordern, sind dem OSTEN zuzuordnen und benötigen OST-Fähigkeiten (wiederum ohne Rücksicht auf Ihre Richtung). Veranstaltungen, die dazu dienen sollen, Menschen glücklich zu machen oder Gruppen zur Zusammenarbeit im Team zu vereinen, sind bei einem SÜDEN gut aufgehoben, denn sie erfordern SÜD-Fähigkeiten (ob Sie selbst ein dominanter SÜDEN sind oder nicht). Aufgaben, die Phantasie und Kreativität oder die Koordination mehrerer unterschiedlicher Projekte erfordern, sind dem WESTEN zuzuordnen und benötigen WEST-Fähigkeiten (unabhängig von Ihrem persönlichen Wesen).

Der Persönlichkeits-Kompass ist ein Werkzeug, das Ihnen hilft, Ihren Persönlichkeitstyp und den von anderen zu erkennen, und Ihnen Möglichkeiten aufzeigt, Ihre Ausgewogenheit und Anpassungsfähigkeit zu steigern. Sobald Sie die Fähigkeiten entwickelt haben, die Sie brauchen, um der jeweiligen Situation entsprechend zu handeln und dabei von einer Richtung in die andere zu wechseln (ähnlich einem Chamäleon), wird es anderen schwer fallen, Ihren Persönlichkeitstyp zu bestimmen. Die vielseitigen Fähigkeiten aller vier Grundtypen zu erwerben verändert Ihr Wesen nicht. Aber es erweitert den Rahmen und das Niveau Ihrer Kompetenzen und steigert Ihre Fähigkeit, zu anderen Menschen gute Beziehungen aufzubauen, ganz gleich, welchem Grundtyp diese Menschen oder Sie selbst angehören.

ANHANG:
DIE EIGENSCHAFTEN UND FÄHIGKEITEN
DES NORDENS, OSTENS, SÜDENS UND WESTENS
AUF EINEN BLICK

NORDEN

Motto: Erledigt seine Aufgabe rasch

Typisch

- energisch
- unabhängig
- entscheidungsfreudig
- kontrolliert
- schnell
- selbstmotivierend
- selbstbewusst
- hat Autorität
- zielgerichtet
- ehrgeizig
- offen/direkt
- willensstark
- wettbewerbsorientiert
- entschlossen
- fleißig
- Führungspersönlichkeit
- aufgabenorientiert
- verantwortungsbewusst
- aktiv
- mutig

Extrem

- aggressiv
- übermäßig ehrgeizig
- kontrollierend
- sarkastisch
- ungeduldig
- explosiv
- arrogant
- streitsüchtig
- stets im Recht, immer der Beste
- großspurig
- grob
- urteilend
- einengend
- machthungrig
- dominant
- anspruchsvoll
- schlechter Zuhörer
- egozentrisch
- gefühllos
- rachsüchtig

Fähigkeiten

- erledigt Aufgaben rasch
- trifft Entscheidungen schnell
- handelt Bedingungen aus
- leitet Aufgaben in die Wege
- bestimmt Handlungen
- übernimmt Verantwortung
- nimmt an einem Wettbewerb teil, um zu gewinnen
- ordnet Aufgaben nach ihrer Wichtigkeit
- arbeitet fleißig
- bewegt sich schnell
- setzt sich Ziele
- ist erfolgreich
- hat den Überblick
- behauptet seine Autorität
- vereinfacht Verfahren
- beschleunigt Prozesse
- erzielt Ergebnisse
- vertritt offen seinen Standpunkt
- trifft eine rasche Beurteilung
- stellt sich Herausforderungen

OSTEN

Motto: Erledigt alles bereits beim ersten Mal richtig

Typisch

- qualitätsbewusst
- detailorientiert
- geordnet
- langsam
- bedächtig
- konzentriert
- methodisch
- organisiert
- guter Planer
- logisch
- analytisch
- tüchtig
- pünktlich
- fleißig
- verantwortungsbewusst
- zuverlässig
- traditionsgebunden
- konservativ
- ernsthaft
- zurückhaltend

Extrem

- perfektionistisch
- humorlos
- wenig flexibel
- blockiert
- besitzergreifend
- ignorant
- eindimensional denkend
- gewohnheitsorientiert
- kritisch
- hält an Ritualen fest
- unzufrieden
- nachtragend
- unnachgiebig
- isoliert sich
- Einzelgänger
- engstirnig
- langwierig
- grüblerisch
- pessimistisch

Fähigkeiten

- erledigt Aufgaben ordentlich
- plant in allen Einzelheiten
- findet und beseitigt Störungen
- überwindet Probleme
- erzielt Qualität
- analysiert sorgfältig
- überprüft auf Fehler
- organisiert alles gut
- klassifiziert Daten
- befolgt Verfahrensschritte
- übertrifft Erwartungen
- erläutert exakte Tatsachen
- übernimmt Verantwortung
- überzeugt durch Logik
- stellt Vergleiche an
- misst genau
- erledigt gern Routinearbeiten
- führt Aufzeichnungen
- achtet auf Genauigkeit
- erscheint pünktlich

SÜDEN

Motto: Bildet die besten Teams

Typisch

- Teamspieler
- fröhlich
- freundlich
- beliebt
- ruhig
- gemächlich
- guter Zuhörer
- einfühlsam
- friedliebend
- herzlich
- hilfsbereit
- gastfreundlich
- fürsorglich
- verständnisvoll
- geduldig
- großzügig
- freigebig
- prozessorientiert
- unbekümmert

Extrem

- abhängig
- scheu
- zögerlich
- gleichgültig
- vage
- nachgiebig
- klagt häufig
- jammert häufig
- unsicher
- ängstlich
- dünnhäutig
- verschlossen
- märtyrerhaft
- empfindlich
- will allen gefallen
- leicht einzuschüchtern
- anhänglich
- besitzergreifend
- macht sich zum Opfer
- traurig und einsam

Fähigkeiten

- bildet die besten Teams
- vermittelt in Konflikten
- vereint unterschiedliche Gruppen
- bestärkt andere
- setzt Diplomatie ein
- hört sich alle Parteien an
- handelt wie ein Verbindungsoffizier
- kommunikativ
- kann alles gut verkaufen
- schafft eine angenehme Atmosphäre
- bietet Freundschaft an
- arbeitet gut mit anderen zusammen
- erleichtert Prozesse
- erteilt gern Ratschläge
- kann anderen etwas beibringen
- meldet sich freiwillig zu Hilfseinsätzen
- verbreitet Wohlwollen
- ermutigt zu Friedfertigkeit
- inspiriert zu Loyalität
- verzeiht Fehler

WESTEN

Motto: Erweitert Horizonte

Typisch

- risikofreudig
- abenteuerlustig
- schnell
- energievoll
- visionär
- unkonventionell
- innovativ
- kreativ
- flexibel
- vielseitig
- jongliert viele Aufgaben gleichzeitig
- anpassungsfähig
- spontan
- unorganisiert
- enthusiastisch
- humorvoll
- offen
- wandlungsfähig
- ideenorientiert
- visionär

Extrem

- spielt gerne Streiche
- albern
- fehleranfällig
- impulsiv
- unkonzentriert
- zerstreut
- unfähig, etwas zu Ende zu bringen
- flatterhaft
- undiszipliniert
- sorglos
- unorganisiert
- exzentrisch
- häufig unpünktlich
- verantwortungslos
- extravagant
- wild und verrückt
- übertrieben
- ungenau
- oberflächlich

Fähigkeiten

- sieht Möglichkeiten
- erweitert Grenzen
- löst Probleme
- gibt einen neuen Kurs vor
- koordiniert Projekte
- motiviert Menschen
- nimmt die Zukunft vorweg
- bringt kreative Entwürfe hervor
- geht Risiken ein
- besitzt Flexibilität
- jongliert mit mehreren Aufgaben
- liefert durch *Brainstorming* zahllose Ideen
- delegiert gern Aufgaben
- sieht Entwicklungen voraus
- improvisiert vor Ort
- erschafft Originelles
- löst Spannungen
- erfindet neue Methoden
- passt sich an Veränderungen an
- regt zu Innovationen an